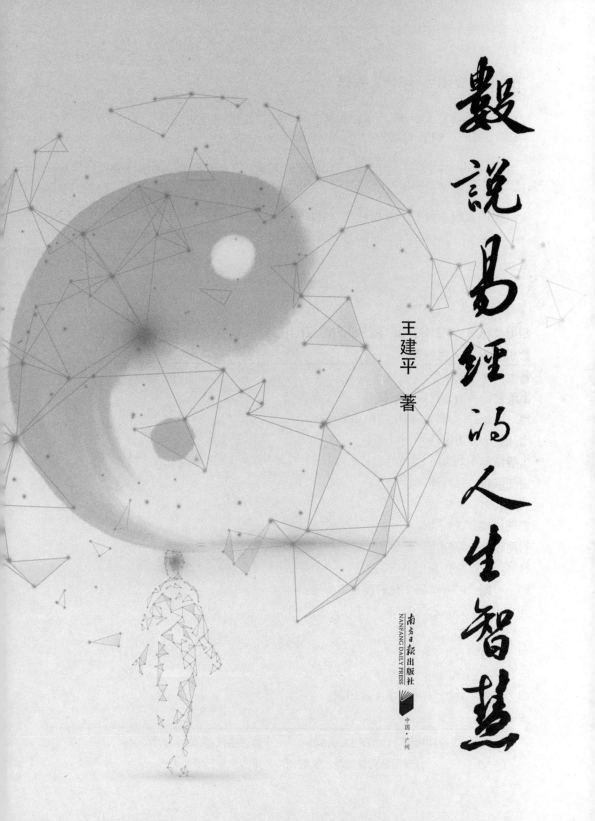

数说易经的人生智慧

王建平 著

南方日报出版社
NANFANG DAILY PRESS

中国·广州

图书在版编目（CIP）数据

数说易经的人生智慧 / 王建平著. --广州：南方日报出版社，2023.8
ISBN 978-7-5491-2720-7

Ⅰ.①数… Ⅱ.①王… Ⅲ.①《周易》－研究 ②人生哲学－通俗读物
Ⅳ.①B221.5 ②B821-49

中国国家版本馆CIP数据核字（2023）第119781号

SHU SHUO YIJING DE RENSHENG ZHIHUI
数说易经的人生智慧

著　　者：	王建平
出版发行：	南方日报出版社
地　　址：	广州市广州大道中 289 号
出 版 人：	周山丹
出版统筹：	刘志一
责任编辑：	郭海珊
责任校对：	朱晓娟
责任技编：	王　兰
封面设计：	邓晓童
经　　销：	全国新华书店
印　　刷：	广东信源文化科技有限公司
开　　本：	787mm×1092mm　　1/16
印　　张：	14
字　　数：	185 千字
版　　次：	2023 年 8 月第 1 版
印　　次：	2023 年 8 月第 1 次印刷
定　　价：	45.00 元

投稿热线：（020）87360640　　　读者热线：（020）87363865
发现印装质量问题，影响阅读，请与承印厂联系调换。

前言

习近平总书记指出："中华优秀传统文化是中华文明的智慧结晶和精华所在，是中华民族的根和魂，是我们在世界文化激荡中站稳脚跟的根基。"总书记强调，要从中华优秀传统文化中寻找源头活水。《易经》被称为群经之首，在中华优秀传统文化的发展中具有极其重要的地位。《易经》的内涵十分丰富，它对数的运用尤其具有特殊的意义。

《周易·系辞下》："上古结绳而治，后世圣人易之以书契。百官以治，万民以察。"意为上古时期由于无文字，用结绳为标志来记事，也比喻用最简约的方法治国。

看到"结绳而治"四个字，眼前便浮现一幅上古先民劳作、生活的画面，他们身披兽皮，手持石器，择洞而居，掬溪而饮，过着最原始的生活。随着社会的发展和进步，在共同劳作和群居生活中，有事情需要记录，古人就发明了用在不同的绳上打结的方法，记录不同事物。这应该是数字的雏形。

《易经》所阐述的"数"，至少包括三个方面含义：

一是算术。一加一等于二，这是"数"的最基本属性。如洛书上的图案正好对应从1到9九个数字，并且无论是纵向连线、横向连线，还是斜向连线，三条线上的三个数字之和皆等于15，人们把这个神秘数字排列称为九宫图。

二是数学。太极生两仪，两仪生四象，四象生八卦，这就是数学中的排

列组合。"0"就是"无"，就是"没有"，放在《易经》中，就叫作"无极"，无极而太极。

三是定数。所谓"定数"，就是一种规律，在背后支撑万物的运转，才形成我们现在生活的时空。万事万物都遵守一种看不见的规律，各行其是，才能平安地生存。这就是"一切皆有定数"。《易经》云，"积善之家必有余庆，积不善之家必有余殃"，又云"善不积不足以成名，恶不积不足以灭身"，实际上说的是一种定数。

《易经》告诉我们，一切都从数开始。我们看到的象，后面一定有数。一切都有定数，不是迷信，而是万事万物生存、发展及灭亡的规律。

我们还可以从数学的角度，以"七上八下"为例，来看看《易经》运用数字的奥秘。在《易经》中，奇数为阳，偶数为阴。九与阳密切相关，六与阴密切关联，九为老阳，七为少阳；六为老阴，八为少阴。诸位会不会觉得奇怪？七比九小，那七是少阳，九是老阳，可以理解；但八呢，明明八比六大，为什么反而八是少阴，而六是老阴呢？其实很简单，因为阳是向外扩展，是膨胀的，所以九比七大；阴是收缩的，所以六比八大。可见，数字的大小与它的性质是相关的，也就是"七变九，八变六"的意思，我们把这叫作"七上八下"。

司马迁读完《易经》后，把《易经》的数用一句话进行概括，即"数始于一，终于十，成于三"。一部《易经》其实是一部"数经"，《易经》是由数字组成的。

鉴于《易经》对于数的运用已是炉火纯青，博大精深，本书仅从某些方面来阐述《易经》与数的关系，尽量将狭义的数与广义的数讲得简单明了些，化繁为简，以飨读者。

本书中所称《易经》或《周易》是同一个概念。

王建平
2022年季冬于苏仙书屋

目录

第一章　易之本数　/ 001

　　第一节　河图洛书　/ 002

　　第二节　卦爻之数　/ 009

　　第三节　预测之数　/ 017

　　第四节　卦序之数　/ 021

第二章　易数与成语　/ 033

　　第一节　一元复始　/ 034

　　第二节　一画开天　/ 036

　　第三节　一分为二　/ 039

　　第四节　三阳开泰　/ 043

　　第五节　不三不四　/ 046

　　第六节　人五人六　/ 049

　　第七节　六六大顺　/ 051

　　第八节　七上八下　/ 053

　　第九节　九五之尊　/ 055

　　第十节　九九归一　/ 059

第三章　易数与建筑　/ 062

　　第一节　易数对中国古代建筑文化之影响　/ 063

　　第二节　明堂之易数　/ 066

第三节　天坛之易数　/ 071

第四节　故宫之易数　/ 077

第四章　易数与节气　/ 082

第一节　二十四节气中的万物之数　/ 083

第二节　二十四节气中的十二辟卦数　/ 088

第三节　七十二候之数　/ 095

第五章　易数与棋牌　/ 123

第一节　围棋中的易数　/ 124

第二节　象棋中的易数　/ 135

第三节　麻将中的易数　/ 140

第六章　易数与三十六计　/ 144

第一节　胜战篇之易数　/ 145

第二节　敌战篇之易数　/ 155

第三节　攻战篇之易数　/ 165

第四节　混战篇之易数　/ 176

第五节　并战篇之易数　/ 187

第六节　败战篇之易数　/ 198

后　记　/ 211

第一章
易之本数

　　所谓易之本数，即构成《易经》的最基本数字。《易经》最初的数字是什么？哪些数字是构成《易经》的最基本因素？在本章中，将会对此有一个较系统的叙述。

　　数字的诞生，极大丰富了人们的想象力，也为《易经》的发展和传播奠定了坚实基础。

第一节　河图洛书

《周易·系辞上》："河出图，洛出书，圣人则之。"意思是：黄河出"图"，洛水出"书"，"圣人"依此作卦。

《周易·系辞上》这个论述，基于两个传说：

相传，上古伏羲氏时，洛阳东北孟津境内的黄河中浮出龙马，背负"河图"，献给伏羲。伏羲依此而演成八卦，后为《周易》来源。

又相传，大禹时，洛阳西洛宁县洛河中浮出神龟，背驮"洛书"，献给大禹。大禹依此治水成功，遂划天下为九州。又依此定九章大法，治理社会，流传下来，并被收入《尚书》中，名《洪范》。

上述传说中"图"与"书"的构成，就是几组极其神秘的数字。

一、河图之数

河图中，用黑白圆点表示阴阳、四象、五行，其图为四方形。

龙马图

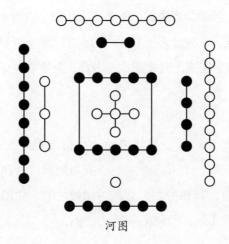

河图

1. 天地之数

"天地之数"一词，源于《周易·系辞上》第八章："天一地二，天三地四，天五地六，天七地八，天九地十。天数五，地数五，五位相得而各有合。天数二十有五，地数三十，凡天地之数，五十有五，此所以成变化而行鬼神也。"这段话的意思是：将河图中的奇数相加得天数二十五，偶数相加得地数三十，然后以这些数字的变化来预测事物。对天地之数的认识，古往今来，智者见智，仁者见仁，因而各有不同。宋代朱熹对《周易·系辞》中对天地之数批注曰："天地之数，阳奇阴偶，即所谓'河图'者也。"台湾学者孙振声在《白话易经》注释中说，"这一段，说明占筮所用的数字，是以天地之数为依据"，"数字有奇数和偶数，奇数属于阳，偶数属于阴，天阳地阴"，这些数字构成宇宙间各种不同变化象征，就如同鬼神般神奇地推算判断出来了。诸位可能已经看出来，所谓天地之数，就是将一到十的数字，奇数相加，得到天数，偶数相加，得到地数。

2. 万物生存之数

天一生水，地六成之；地二生火，天七成之；天三生木，地八成之；地四生金，天九成之；天五生土，地十成之。因此，称一为水之生数，二为火之生数，三为木之生数，四为金之生数，五为土之生数，六为水之成数，七为火之成数，八为木之成数，九为金之成数，十为土之成数。万物有生数，当生之时才能生；万物有成数，能成之时才能成。因此，万物生存都有其数。

3. 小衍之数

衍，通"演"，有展开、推演之意。小衍之数即五行之生数，就是水一、火二、木三、金四、土五。一、三、五为阳数，其和为九，故九为阳极之数。二、四为阴数，其和为六，故六为阴极之数。阴阳之数合为十五，故化为洛书，则纵横皆十五，乃阴阳五行之数也。

4. 大衍之数

"大衍之数"一词出自《周易·系辞上》："大衍之数五十，其用四十有九。分而为二以象两，挂一以象三，揲之以四以象四时，归奇于扐以象闰，五岁再闰，故再扐而后挂。"这段话的意思是：一般而言，用来演绎变化的占筮是五十根蓍草，而只用其中的四十九根。随意将其分为两份，以象征两仪。从右手蓍草中任取一根置于左手小指间，以象征天、地、人三才。再把左右手之蓍草，以四根为一组分开，以象征四季。归置两手所余之数于手指之间，以象余日而成闰月。五年中有两次闰月，再一次归剩下蓍草于手指间。

"天地之数"的来历在《易传》中讲得很明白，但"大衍之数五十"的来历没有说明，这给后人留下诸多猜想。

对比之下，笔者倾向于"双数之和"之说：

天一，一单；地二，一双；天三，一单；地四，二双，天五，一单；地六，三双；天七，一单；地八，四双；天九，一单；地十，五双。天数一、三、五、七、九相加得二十五，共有五单十双。地数二、四、六、八、十相加得三十，共有十五双。天数之中藏十双，与地数十五双，合二十五双，即"大衍之数五十"也。为什么以"用天数之中藏十双与地数十五双合二十五双"为大衍之数呢？这是《易经》中数的特殊意义决定的。《易经》中的"数"，除了一般的"数量"意义，更主要的是"阴阳"意义。单为阳，双为阴，故"天数二十有五"即"天数五阳藏十阴"，"地数三十"即"地数十五阴"，大衍之数即"天数藏十阴"与"地数十五阴"之和。

河图的口诀如下：

一六共宗，为水居北；

二七同道，为火居南；

三八为朋，为木居东；

四九为友，为金居西；

五十同途，为土居中。

二、洛书之数

洛书是以黑点与白点为基本要素，以一定方式构成若干不同组合并整体上排成矩阵的图式。在这个图式上，纵、横、斜三条连线上的三个数字，其和皆为15。

神龟图

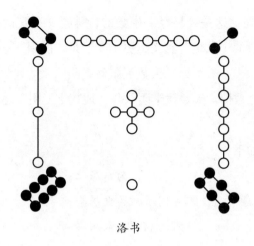

洛书

洛书的口诀如下：

戴九履一

左三右七

二四为肩

六八为足

以五居中

1. 洛书的数字规律

把洛书，即九宫图中的数字排列进行详解，可看出一定道理来。

首先，九宫图中数字之和等于15，这一点大家都知道，就是横、竖、斜三个方向连线上的数字相加都等于15，即$a+b+c=d+e+f$，具体如下：

4+9+2=15

3+5+7=15

8+1+6=15

4+3+8=15

9+5+1=15

2+7+6=15

$$4+5+6=15$$

$$2+5+8=15$$

除此之外，还有什么数字玄机呢？我们发现，$a^2+b^2+c^2=d^2+e^2+f^2$，以等号左边第一列数字即"4、3、8"与等号左边第三列数字即"2、7、6"为例说明。当我们把这些数上下递变为两位数相加时，左、右两列数字之和依然相等，即43+38+84=27+76+62；而且从下向上递变的情况依然成立，即83+34+48=67+72+26。递变为三位数依然相等，即438+384+843=276+762+627；而且从下向上递变的情况依然成立，即834+348+483=672+726+267。再这样递变下去为四位数、五位数、六位数，甚至一百位数、一千位数等，情况依然成立。

不仅如此，更神奇的是，不管是一位数、两位数还是三位数的平方相加，其和依然左右相等。例如，两位数的平方和，即$43^2+38^2+84^2=27^2+76^2+62^2$，而且三位数、四位数的平方和依然成立。以此类推，一百位数也好，一千位数也好，都可以成立。

再者，把九宫图用行列式的方法计算，可以得到一个周天数360。

真不敢想象，这样一个数字排列，竟然有着如此不可思议的魔力。

2. 洛书数字的运用

古人对洛书推崇备至，认为它能涵盖人世间万事万物，尤其是纵、横、斜每条直线上的三个数之和均等于15，使其成为我国古代都城制度的规划模式。例如，洛阳东周王城南北7里、东西8里；汉魏洛阳城南北9里、东西6里，两边的长宽之和皆为15里；西汉长安城和隋唐城都是经、纬长各15里的方形结构；北魏洛阳城、隋唐长安城，其南、北长皆为15里。

3. 洛书数字的影响

与河图相比，洛书标志着中国原始文化的更高成就。洛书只用了9个自然数（河图用了10个），就排列成一个正方形，形成华夏历史上影响深远的九宫图，其奇妙结构和无穷变化令中外数学家叹服！洛书开了幻方的先河，成为组合数学的鼻祖。数学家华罗庚对洛书非常推崇，称"洛书可能作为我们和另一星球交流的媒介"，因为另一星球的生命只要对着数数就行了，不必依靠任何语言。

第二节 卦爻之数

《周易》的表形为64卦和384爻，它是《周易》最基础、最核心的部分。卦和爻与数字相配，似乎是天然的，没有丝毫牵强，也没有半点附会，随着后人不断演绎，已经不能离开数字来说卦与爻了。

一、卦数

所谓卦数，就是《周易》中的每一卦与数字的固定搭配。

1. 先天八卦

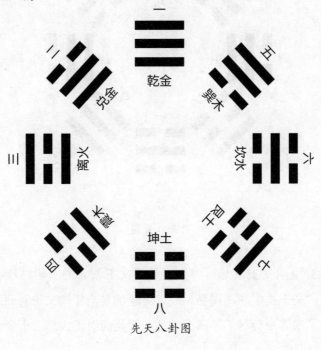

先天八卦图

《周易》中的八个卦有两种分布排列方式，最早出现的叫"先天八卦"，据说是伏羲根据河图推演而成的。

它是乾坤定南北，离坎定东西，以天南地北为序，上为天为乾，下为地为坤，左为东为离，右为西为坎。故先天八卦数是：乾一、兑二、离三、震四、巽五、坎六、艮七、坤八。它的中间数为0，以代表五或十。0象征宇宙的元气。它的序数对宫相加之和为九。先天八卦演变过程中，首先是太极，其次是两仪，接着是四象，最后是八卦，它们是宇宙形成的过程。

2. 后天八卦

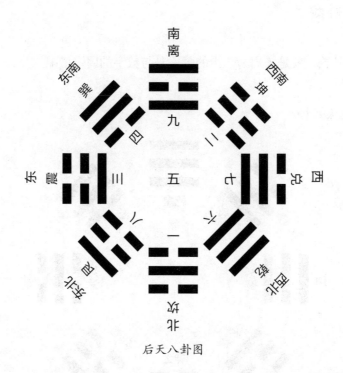

后天八卦图

后天八卦也叫文王八卦，因为它是周文王创立的。司马迁在《报任安书》中写道"文王拘而演《周易》"，讲述的是当年周文王对商纣王的残暴很不满，说了很多令商纣王不满意的话，于是商纣王大怒，下令将周文王关了起来，囚禁在羑里城。在艰难困苦的环境下，周文王将《易经》八卦演绎出六十四卦，并且写出六十四卦的卦辞、爻辞，画出了重新排列的八卦图，即后天八卦图。

后天八卦的形成，相传是受到洛书的影响。它是离坎定南北，震兑定东西。故后天八卦数是：坎一、坤二、震三、巽四、中五、乾六、兑七、艮八、离九。它的中间数为五，与对宫纵横相加之和为十五。

二、爻数

爻是组成卦的基本符号，就是一条断开或连续的横线，源于上古伏羲氏。"——"为阳爻，"— —"为阴爻。由爻组成的卦分为三爻卦和六爻卦。八个基础卦就是三爻卦，即乾、兑、离、震、巽、坎、艮、坤，一般称作八经卦。

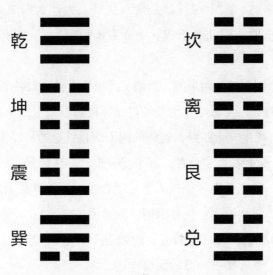

八经卦

在八经卦的基础上，八个卦两两叠加，就变成六十四卦。每卦六爻，从下而上排列，古人用"九"代表阳爻，用"六"代表阴爻。例如，乾卦各爻为初九、九二、九三、九四、九五、上九，坤卦各爻为初六、六二、六三、六四、六五、上六。

易学以三爻为基础卦，称为单卦。八经卦或八卦都是三爻卦，那为什么要用三爻，而不是二爻、四爻、五爻呢？因为"三"是寓意很深的数字，古人认为"三"是神秘的数字，经常用"三"概括文化现象，有"三纲""三宝""三元""三生三世""三才"等表述。在自然与社会中，"三"是规律性很强的数字，如"上中下""左中右"中都蕴含三个方位。老子的《道德经》说："道生一，一生二，二生三，三生万物。"由此可见，"三"是一个基础的数字系统。

三爻卦就是由三条横线上下排列而成的卦，比如乾卦由三条阳爻组成。六爻卦就是由六条横线上下排列而成的卦，比如地天泰卦，由上面三条阴爻和下面三条阳爻组成。常见八卦图的八卦是三爻卦。

八卦相对于六十四卦，又称为八经卦，是基础卦，因为六十四卦都是由八卦演变出来的。六十四卦就是指六爻卦。为什么六爻卦有64个？因为六爻卦由上、下两个三爻卦组成，上面有8种变化，下面有8种变化，即有8×8=64种结果。

爻是由太极阴阳转化而来的，所谓"无极生太极，太极生两仪，两仪生四象，四象生八卦"，《易经》便是经过这样的过程发展而来的，再到后来由八个单卦重叠，产生六十四卦，这样的阴阳演化就是《易经》形成的基础。

《周易·系辞上》："爻者，言乎变者也。"《周易·系辞下》："爻也者，效此者也。""爻也者，效天下之动者也。"爻就是天地万物变动、生生不息的规律，怎么说呢？爻分阴阳，算是宇宙常数吧。

《周易·系辞上》云"天数五，地数五"，所以"五"是数字的关键所在。关于"五"数的秘密，待后面再详述。

在讲述爻数的同时，不能不提到爻位。所谓爻位，即天位、地位、人位。一卦六爻，五爻上爻为天位，初爻二爻为地位，三爻四爻为人位。

三、变卦

　　"变卦"，是中国人经常说的词，如果某人说话不算数，就会用"你变卦了"来形容。其实，人们所说变卦的"卦"，就是《易经》中的卦。所谓"变卦"，实际上是一个卦中某爻的变化，即阴爻变阳爻或阳爻变阴爻，本质上是爻的数字的变化，代表阳爻的九变成阴爻的六，或反之。易经卦的变化，揭示着宇宙间万事万物随时变化的规律。下面我们来看看六十四卦是如何演化的：

　　以乾卦为例，一卦演变为另外六十三卦。

乾卦

一爻变者有六卦：

姤	乾卦初爻变	䷫
同人	二爻变	䷌
履	三爻变	䷉
小畜	四爻变	䷈
大有	五爻变	䷍
夬	上爻变	䷪

二爻变者有十五卦：

遁	初爻二爻变	䷠
讼	初爻三爻变	䷅
巽	初爻四爻变	䷸
鼎	初爻五爻变	䷱
大过	初爻上爻变	䷛
无妄	二爻三爻变	䷘
家人	二爻四爻变	䷤
离	二爻五爻变	䷝
革	二爻上爻变	䷰
大畜	四爻五爻变	䷙
中孚	三爻四爻变	䷼
睽	三爻五爻变	䷥
兑	三爻上爻变	䷹
需	四爻上爻变	䷄
大壮	五爻上爻变	䷡

三爻变者有二十卦：

否	初二三爻变	䷋
渐	初爻二爻四爻变	䷴
旅	初爻二爻五爻变	䷷
咸	初爻二爻上爻变	䷞
涣	初爻三爻四爻变	䷺
未济	初爻三爻五爻变	䷿
困	初爻三爻五爻变	䷮
益	二爻三爻四爻变	䷩
噬嗑	二爻三爻五爻变	䷔

随	二爻三爻上爻变	䷐
蛊	初爻四爻五爻变	䷑
贲	二爻四爻五爻变	䷕
损	三爻四爻五爻变	䷨
井	初爻四爻上爻变	䷯
既济	二爻四爻上爻变	䷾
节	三爻四爻上爻变	䷻
恒	初爻五爻上爻变	䷟
丰	二爻五爻上爻变	䷶
归妹	三爻五爻上爻变	䷵
泰	四爻五爻上爻变	䷊

四爻变者有十五卦：

观	初爻二爻三爻四爻变	䷓
晋	初爻二爻三爻五爻变	䷢
萃	初爻二爻三爻上爻变	䷬
艮	初爻二爻四爻五爻变	䷳
蹇	初爻二爻四爻上爻变	䷦
小过	初爻二爻五爻上爻变	䷽
蒙	初爻三爻四爻五爻变	䷃
坎	初爻三爻四爻上爻变	䷜
屯	二爻三爻四爻上爻变	䷂
颐	二爻三爻四爻五爻变	䷚
解	初爻三爻五爻上爻变	䷧
震	二爻三爻五爻上爻变	䷲
升	初爻四爻五爻上爻变	䷭
明夷	二爻四爻五爻上爻变	䷣

临　　　　三爻四爻五爻上爻变　　　▤

五爻变者有六卦：

剥　　　初爻二爻三爻四爻五爻变　　　▤

比　　　初爻二爻三爻四爻上爻变　　　▤

豫　　　初爻二爻三爻五爻上爻变　　　▤

谦　　　初爻二爻四爻五爻上爻变　　　▤

师　　　初爻三爻四爻五爻上爻变　　　▤

复　　　二爻三爻四爻五爻上爻变　　　▤

六爻变者有一卦：

坤　　　　六爻全变　　　▤

上述仅以乾卦为例，其余63卦同理。一卦变卦有63种可能性，64卦共有4032种变化，也可以理解为4032种变爻。

第三节　预测之数

《易经》的预测占筮功能流传了几千年，对这种功能只能面对，不能回避。中国社会科学院已招收"《易经》与预测学"研究方向的博士研究生，这是对《易经》预测功能的肯定，对其进行系统研究，归纳它的特点，发现它的规律，从而揭示它的现实指导意义。数字是《易经》预测占筮的基本元素，离开"数"，占筮便无从谈起。本节不是讲如何占筮，而是重点阐述"数"在占筮中的重要作用。

一、乾坤之策

"策"是蓍草的根数。蓍草是生长在湖河浅滩边的一种植物，古人取其茎部，截成筷子般长短，进行占卜。

《周易·系辞上》曰："乾之策，二百一十有六；坤之策，百四十有四，凡三百有六十，当期之日。二篇之策，万有一千五百二十，当万物之数也。"这段话的大意是：乾卦的蓍草有216根，坤卦的蓍草有144根，合计360根，约一年的日期数。

看完这段解释的话，可能诸位心里不仅未弄明白，反而有更多的疑惑，"216""144"这些数字是怎么来的呢？《周易·系辞上》是这样讲的："天一地二，天三地四，天五地六，天七地八，天九地十。天数五，地数五，五位相得而各有合。天数二十有五，地数三十，凡天地之数，五十有五，此所以成变化而行鬼神也。大衍之数五十，其用四十有九。分而为二以象两，挂一以象三，揲之以四以象四时，归奇于扐以象闰；五岁再闰，故再扐而后挂。"

上面这段话描述了用蓍草占卜的过程和方法，这里不详细讨论，需要弄清楚的是"216""144""11 520"这几个数字的由来。乾卦是纯阳之卦，六爻全用"九"来表示，一年有春夏秋冬四时循环往复，所以，乾卦的蓍草根数应该是4×6×9=216策，换句话说，就是用蓍草占到一个六爻皆阳的乾卦时，所需蓍草为216根次；同理，占到一个六爻皆阴的坤卦时，蓍草为4×6×6=144策，需蓍草144根次。

需要说明的是，易占（以易学理论为依据的占卜预测方法）毕竟距我们已数千年，在科学技术发展的今天，我们主要学习《易经》中的精华部分，对其占卜方式只作一般了解即可。

二、万物之数

64卦中共有384爻，其中，阴阳各有192爻，同样，我们取一年四季的4，阳爻的9和阴爻的6来获得万物之数：4×9×192=6912策，4×6×192=4608策，合计为11 520策，这就是万物之数的来源。

这是古人朴素的社会观、自然观，认为"11 520"这一数字包罗万事万物的现状和变化规律，故称为"万物之数"。

三、天地之数

从本章第一节得知，"天地之数"一词来源于《周易·系辞上》第八章："天一地二，天三地四，天五地六，天七地八，天九地十。天数五，地数五，五位相得而各有合。天数二十有五，地数三十，凡天地之数，五十有五，此所以成变化而行鬼神也。"

对天地之数的认识，古往今来，智者见智，仁者见仁。数字有奇数和偶数，奇数属于阳，偶数属于阴，天阳地阴，这些数字构成了宇宙间各种不同的变化象征，就如同鬼神般神奇地推算判断出来了。当代中华传统文化研究专家董应周先生在论文《易经与科学》中论述道："什么是宇宙？宇宙是时间和时空的统一。宇宙是场，宇宙是数，宇宙的大小决定于场，宇宙的生灭取决于数。增数则长则兴，足数则大则生。减数则短则衰，尽数则小则灭。微观世界是这样，宏观世界也是这样，原子、分子是这样，人、生物是这样，地球、太阳、银河系也是这样。"

天地之数是根本，知天地之数必知图（河图），知图必知书（洛书），知书必知卦，知卦必知易。对天地之数规律、原理的认识，古人和今人都很重视。汉朝天文学家张衡认为，"数术穷天地"。宋朝的易学家邵雍悟得天地之数的原理规律，著出了经典著作《梅花易数》《皇极经世》《铁板神数》。纵观《梅花易数》的起卦方法，无不是以天地之数起卦的。《史记·律书》载："数始于一，终于十，成于三。"《六经奥论》曰："伏羲画八卦，以阳道主变，其数以进为极，阴道主化，其数以退为极。"所以，西医在临床诊断时以阴（－）为正常，以阳（＋）为病变。

100多年前，法国著名天文学家和数学家拉普拉斯曾预言："将来会有一个简单的公式，来解释世界上的万物万事。"但他不知道，中国2600年前的《周易·系辞上》已提出"天数五，地数五，五位相得而各有合。天数二十有五，地数三十，凡天地之数，五十有五，此所以成变化而行鬼神也"的简单公式，它可以解释世界上万物万事。有人用科学模拟方法，以天地之数为依据，以《周易》的简单数理公式为规律，模拟出八个天数公式和八个地数公式。凡五个数相加之和为25者皆为天数，凡五个数相加之和为30者皆为地数。

天数公式	地数公式
$1+3+5+7+9=25$	$2+4+6+8+10=30$
$1+4+5+6+9=25$	$2+3+7+8+10=30$
$1+3+4+7+10=25$	$2+5+6+8+9=30$
$1+2+5+7+10=25$	$3+4+6+8+9=30$
$2+3+5+7+8=25$	$1+4+6+9+10=30$

$$2+4+5+6+9 = 25 \qquad 1+3+7+9+10 = 30$$
$$3+4+5+6+7 = 25 \qquad 1+2+8+9+10 = 30$$
$$1+4+5+7+8 = 25 \qquad 2+3+6+9+10 = 30$$

以上八个天数公式和八个地数公式是宇宙天体、天象运行之数。名字学的五格剖象法，就是用这种公式，根据姓名的笔画数建立起天格、地格、人格、总格、外格，并应用于五行。

第四节 卦序之数

我们在学习《易经》时常会问，六十四卦的次序为什么是这样的？要回答这个问题，先来了解一下六十四卦的具体排列：

第一卦：乾　　　　乾为天　　　乾上乾下　　　䷀

第二卦：坤　　　　坤为地　　　坤上坤下　　　䷁

第三卦：屯　　　　水雷屯　　　坎上震下　　　䷂

第四卦：蒙　　　　山水蒙　　　艮上坎下　　　䷃

第五卦：需　　　　水天需　　　坎上乾下　　　䷄

第六卦：讼　　　　天水讼　　　乾上坎下　　　䷅

第七卦：师　　　　地水师　　　坤上坎下　　　䷆

第八卦：比　　　　水地比　　　坎上坤下　　　䷇

第九卦：小畜　　　风天小畜　　巽上乾下　　　䷈

第十卦：履　　　　天泽履　　　乾上兑下　　　䷉

第十一卦：泰　　　地天泰　　　坤上乾下　　　䷊

第十二卦：否　　　天地否　　　乾上坤下　　　䷋

第十三卦：同人　　天火同人　　乾上离下　　　䷌

第十四卦：大有　　火天大有　　离上乾下　　　䷍

第十五卦：谦　　　地山谦　　　坤上艮下　　　䷎

第十六卦：豫　　　雷地豫　　　震上坤下　　　䷏

第十七卦：随　　　泽雷随　　　兑上震下　　　䷐

第十八卦：蛊　　　山风蛊　　　艮上巽下　　　䷑

第十九卦：临　　　地泽临　　　坤上兑下　　　䷒

第二十卦：观　　　风地观　　　巽上坤下　　　䷓

第二十一卦：噬嗑　　火雷噬嗑　　离上震下　　☲☳

第二十二卦：贲　　　　山火贲　　　艮上离下　　☶☲

第二十三卦：剥　　　　山地剥　　　艮上坤下　　☶☷

第二十四卦：复　　　　地雷复　　　坤上震下　　☷☳

第二十五卦：无妄　　　天雷无妄　　乾上震下　　☰☳

第二十六卦：大畜　　　山天大畜　　艮上乾下　　☶☰

第二十七卦：颐　　　　山雷颐　　　艮上震下　　☶☳

第二十八卦：大过　　　泽风大过　　兑上巽下　　☱☴

第二十九卦：坎　　　　坎为水　　　坎上坎下　　☵☵

第三十卦：离　　　　　离为火　　　离上离下　　☲☲

第三十一卦：咸　　　　泽山咸　　　兑上艮下　　☱☶

第三十二卦：恒　　　　雷风恒　　　震上巽下　　☳☴

第三十三卦：遁　　　　天山遁　　　乾上艮下　　☰☶

第三十四卦：大壮　　　雷天大壮　　震上乾下　　☳☰

第三十五卦：晋　　　　火地晋　　　离上坤下　　☲☷

第三十六卦：明夷　　　地火明夷　　坤上离下　　☷☲

第三十七卦：家人　　　风火家人　　巽上离下　　☴☲

第三十八卦：睽　　　　火泽睽　　　离上兑下　　☲☱

第三十九卦：蹇　　　　水山蹇　　　坎上艮下　　☵☶

第四十卦：解　　　　　雷水解　　　震上坎下　　☳☵

第四十一卦：损　　　　山泽损　　　艮上兑下　　☶☱

第四十二卦：益　　　　风雷益　　　巽上震下　　☴☳

第四十三卦：夬　　　　泽天夬　　　兑上乾下　　☱☰

第四十四卦：姤　　　　天风姤　　　乾上巽下　　☰☴

第四十五卦：萃　　　　泽地萃　　　兑上坤下　　☱☷

第四十六卦：升　　　　地风升　　　坤上巽下　　☷☴

第四十七卦：困　　　　泽水困　　　兑上坎下　　☱☵

第四十八卦：井　　　水风井　　　坎上巽下　　䷯

第四十九卦：革　　　泽火革　　　兑上离下　　䷰

第五十卦：鼎　　　　火风鼎　　　离上巽下　　䷱

第五十一卦：震　　　震为雷　　　震上震下　　䷲

第五十二卦：艮　　　艮为山　　　艮上艮下　　䷳

第五十三卦：渐　　　风山渐　　　巽上艮下　　䷴

第五十四卦：归妹　　雷泽归妹　　震上兑下　　䷵

第五十五卦：丰　　　雷火丰　　　震上离下　　䷶

第五十六卦：旅　　　火山旅　　　离上艮下　　䷷

第五十七卦：巽　　　巽为风　　　巽上巽下　　䷸

第五十八卦：兑　　　兑为泽　　　兑上兑下　　䷹

第五十九卦：涣　　　风水涣　　　巽上坎下　　䷺

第六十卦：节　　　　水泽节　　　坎上兑下　　䷻

第六十一卦：中孚　　风泽中孚　　巽上兑下　　䷼

第六十二卦：小过　　雷山小过　　震上艮下　　䷽

第六十三卦：既济　　水火既济　　坎上离下　　䷾

第六十四卦：未济　　火水未济　　离上坎下　　䷿

　　上面是六十四个卦从一到六十四的排序。为什么要这么排？各卦所赋序列数字前后的内在关系是什么？《易经》在两千多年前就为我们讲清楚这些问题。《序卦》中是这样说的：

　　有天地，然后万物生焉。盈天地之间者唯万物，故受之以《屯》。《屯》者，盈也；屯者，物之始生也。物生必蒙，故受之以《蒙》。《蒙》者，蒙也；物之稚也。物稚不可不养也，故受之以《需》。《需》者，饮食之道也。饮食必有讼，故受之以《讼》。讼必有众起，故受之以《师》。《师》者，众也。众必有所比，故受之以《比》。《比》者，比也。比必有所畜，故受之以《小畜》。物畜然后有礼，故受之以《履》。履而泰然后安，故受之以《泰》。《泰》者，通也。物不可以终通，故受之以《否》。物不可以终否，故受之以《同人》。与人同者，物必归焉，故受之以《大有》。有大者，不可以盈，故受之以《谦》。有大而能谦必豫，故受之以《豫》。豫必有随，故受之以《随》。以喜随人者，必有事，故受之以《蛊》。《蛊》者，事也。有事而后可大，故受之以《临》。《临》者，大也。物大然后可观，故受之以《观》。可观而后有所合，故受之以《噬嗑》。嗑者，合也。物不可苟合而已，故受之以《贲》。《贲》者，饰也。致饰然后亨则尽矣，故受之以《剥》。《剥》者，剥也。物不可以终尽剥，穷上反下，故受之以《复》。复则不妄矣，故受之以《无妄》。有无妄，然后可畜，故受之以《大畜》。物畜然后可养，故受之以《颐》。《颐》者，养也。不养则不可动，故受之以《大过》。物不可以终过，故受之以《坎》。《坎》者，陷也。陷必有所丽，故受之以《离》。《离》者，丽也。

有天地，然后有万物；有万物，然后有男女；有男女，然后有夫妇；有夫妇，然后有父子；有父子，然后有君臣；有君臣，然后有上下；有上下，然后礼义有所错。夫妇之道，不可以不久也，故受之以《恒》。《恒》者，久也。物不可以久居其所，故受之以《遁》。《遁》者，退也。物不可以终遁，故受之以《大壮》。物不可以终壮，故受之以《晋》。《晋》者，进也。进必有所伤，故受之以《明夷》。夷者，伤也。伤于外者必反于家，故受之以《家人》。家道穷必乖，故受之以《睽》。《睽》者，乖也。乖必有难，故受之以《蹇》。《蹇》者，难也。物不可以终难，故受之以《解》。《解》者，缓也。缓必有所失，故受之以《损》。损而不已必益，故受之以《益》。益而不已必决，故受之以《夬》。《夬》者，决也。决必有所遇，故受之以《姤》。《姤》者，遇也。物相遇而后聚，故受之以《萃》。《萃》者，聚也。聚而上者谓之升，故受之以《升》。升而不已必困，故受之以《困》。困乎上者必反下，故受之以《井》。井道不可不革，故受之以《革》。革物者莫若鼎，故受之以《鼎》。主器者莫若长子，故受之以《震》。《震》者，动也。物不可以终动，止之，故受之以《艮》。

《艮》者，止也。物不可以终止，故受之以《渐》。《渐》者，进也。进必有所归，故受之以《归妹》。得其所归者必大，故受之以《丰》。《丰》者，大也。穷大者必失其所居，故受之以《旅》。旅而无所容，故受之以《巽》。《巽》者，入也。入而后说之，故受之以《兑》。《兑》者，说也。说而后散之，故受之以《涣》。《涣》者，离也。物不可以终离，故受之以《节》。节而信之，故受之以《中孚》。有信者必行之，故受之以《小过》。有过物者必济，故受之以《既济》。物不可穷也，故受之以《未济》，终焉。

以上是《序卦》对六十四卦中数字排列次序内在关系的阐述，译成白话文就是这样的：

有了天、地，方开创宇宙的一切，万物才产生。《易经》中，乾卦代表天，坤卦代表地，故说先有乾、坤二卦，再衍生出各卦。

乾、坤二卦后接的是第三卦屯卦。"屯"原指草木刚长出来的样子，这时草木艰难地钻出土地，尚未伸展成型，过程中充满艰难险阻。

万物生长之初，必然是幼小蒙昧，所以屯卦之后是第四卦蒙卦。

当万物尚在稚小、虚弱之初生时，不可不养育，所以蒙卦后面是第五卦需卦，需卦是需要养育物质的道理，即解决饮食等方面的需求。

饮食等物质需求会产生分配不均衡或不足的问题，必然引起争讼、争执，第六卦讼卦在需卦之后便是这个理由。

然而，争讼、争执一发生，必会将众人激起，必须团结大家的力量才有争讼的筹码，所以讼卦之后接着第七卦师卦。

争讼而兴师之后，大众之间必定有所比较与相互辅助，所以师卦后面接着第八卦比卦。比是亲附的意思。

亲附必会有蓄养，所以比卦之后接着第九卦小畜卦。蓄存必会有所滋养，众人温饱，然后产生礼仪。

礼仪的产生，规范了人们的举止言谈等标准，所以小畜卦之后接着第十卦履卦，履卦便是礼仪的意思，意即有所践履则有礼仪可遵循。

履礼而泰和，国泰民安，社会上有了礼，便会出现"泰"的现象，所以履卦之后，接着代表通达、安泰的第十一卦泰卦。

然而，万事万物不可能长久通泰，物极必反，所以泰卦后面接着第十二卦否卦。否代表着小人道长、君子道消的情况。

然而，宇宙的道理是物极必反，万物终究不会长久否塞不通，故而否卦后面接的是第十三卦同人卦。同人卦的意思是众人相处，因为与人同志，所以万物必归服之，同人卦便接在否卦之后。

因为有大众归顺，所以能有大的收获，故而同人卦后是第十四卦大有卦。

拥有大的收获及万物归顺后，也不能因此自大、自恃、自负，不可盈满，必须谦虚。所以，大有卦之后接的是第十五卦谦卦。

有大的才能，又有成就大事业之条件，同时能谦虚待人，虚心做事，那必定自己得到和乐，也使别人得到安逸、喜悦，所以，谦卦的后面接着第十六卦豫卦。

面对安逸和豫乐，要防范随之而来的萎靡不振，做到随时而动，故授以第十七卦随卦。

也因为随时而动，将产生很多事情，所以随卦后面接着第十八卦蛊卦。蛊的意思是事情多、祸乱，蛊卦接在随卦之后，代表事情多，可逐一解决。

解决了事端，就能创造一番大的事业，所以后面接着第十九卦临卦。临卦的"临"有大的意思，除代表有大的成就，也具有以上临下、顺抚、顺从之意。

由事情来看，物盛大后才能仰观；以万物来看，大然后能以上临下地观察观看，故其后接着第二十卦观卦。观，一来指能以上临下，观察民情民风，设立教化使民能安和；二来指有大成就后能观看其得失以求纠正。

如此，人们便能和顺地追随，也能有所取舍使之能合，所以观卦后面接着第二十一卦噬嗑卦。嗑的意思是和，噬嗑代表能排除阻碍、困难而使之和合。

噬嗑的和合是求真实的和合，万物不可以只合而已，需要有所修饰、调和、协调，所以其后接着第二十二卦贲卦。贲的意思是修饰，也偏重于以柔顺、和悦来修饰刚强之意。

其后文饰到了极点，便能亨通、畅达，到了极点又是一个尽头，再以盛极而衰的道理，从物极必反的原则来看，最后便产生"剥落"现象，所以其后接第二十三卦剥卦。剥的意思便是剥落、凋零、衰弱，万事万物不会终久地剥落、衰弱，所以剥落到了极致必定返下而生，故剥卦的后面接着第二十四卦复卦。

复的本意是回复、反复，含有阳刚正在复苏之意，然而，刚刚复苏、回复，不应该有所虚妄。也就是说，还没到茁壮之时机，还不能贸然前往，不可以妄然行动，所以复卦之后是第二十五卦无妄卦。

不虚妄、不妄动，则能积蓄精力与实力，存蓄久了积累就多，所以无妄卦后接第二十六卦大畜卦，大畜指有很丰富、笃实的存积。

这之后，能有所滋养，在物、人来说，是自己培养自己，自己滋养自己；在人事社会，则是指社会、大众已能自足、自安地存蓄，所以大畜卦后面接着第二十七卦颐卦。

颐的意思是养，不能有所滋养、养育，便不能有所行动，同时，养必须符合养物的道理和自养自成的道理，然后才具备前行的条件，第二十八卦大过卦在颐卦之后，便是这个原因。

大过卦指能有所往，而且大胆行动，全力以赴，可以亨通、畅达。同理，万物万事都不可能持续地往前进，所谓盛极必衰，所以大过卦之盛，接着是有险陷的第二十九卦坎卦。

坎卦本身有阻止、险厄与困顿甚至危险的意思，当盛极而衰、有所险陷时，必然要找个可以附丽、依附的，才不致愈陷愈深，所以坎卦后面接着第三十卦离卦。离卦是能附丽、依托、依附的意思，只要能脱去坎卦之险陷，则依附而存也是可以的，坎卦的险陷并不太大，也不似否卦、剥卦那么凶险，只要陷得不深，又有依附而脱离，便是另一个开始。

宇宙中有了天地，万物才产生，一旦有万物，便有雌雄、男女之分别，为何要有男女之分别呢？因为不管人类或万物，其生存的最大目标之一便是繁衍后代，有男女之别才会有夫妇之结合，《易经》的第三十一卦咸卦便有男女互相感应、相通之意思。男女的感应与相通造就结合的夫妇，然后才有父子的产生，意思是人类因而获得绵延、繁衍。人类一多，自然产生群居生活、社会建构等，因此有君臣之职的区别，"臣"泛指从属者或顺从者，"君"指在上位，主使从属的人。也因为有了职分之别，自然产生上下、高低的差别，如此才能互有统属、互相辅助。

这也间接说明，咸卦乃男女互相感通与结合之后形成新的局势与展延。于是，父父子子、君君臣臣、长幼辈分、上下序位就确立了。序位既成，天道、地道、人道之三才，以礼仪就有所区别。夫妇阴阳交感，人类得以繁衍，其道不可不久，必然需要长久下去，所以咸卦后接的是第三十二卦恒卦。恒卦是长久、持久的意思，能够在某一领域长久地发展下去，并持之以恒地保持好自己的良好品行，就会使自己越来越顺利。

万事万物都不可能永久、持久地居处在一个定所，不论人或事，必然依时空之流转有所行动及变化，所以恒卦之后接着第三十三卦遁卦。遁卦的意思是退后、退藏，本身含有君子因避免小人之危害而退居、隐藏的意思。

世上之事物终究有正有反，有进有退，不可能长久地退藏于后，其退藏中正酝酿下一次茁壮，所以遁卦后面接着第三十四卦大壮卦。大壮是能大且能壮，大者指能透彻地观察和了解万物万事，壮者指阳刚盛壮、正直且刚健，所以大壮是有所前进而能获利丰盛之意。

要保持大壮时的盛壮、强壮，必须继续上升、前进，所以大壮卦后接的是第三十五卦晋卦。晋的意思是前进，是太阳在大地之上的意思。

明夷卦与晋卦恰好相反，晋卦指太阳在大地上面，明夷卦就是指太阳在大地下面，代表太阳落山后，一片昏暗的场景，也代表光明正大的人受到伤害、不被重用，而小人得势。所谓树大招风，故晋卦之后接着第三十六卦明夷卦。明夷卦的意思是外表柔顺而内部光明，也就是因保其光明而呈现柔顺，以避免损折之伤。

　　小有伤损必然顺势退居于后，在外遭受伤害必返回家内，故明夷卦后面是第三十七卦家人卦。一般来说，一个人受到委屈、伤痛，最能获得安慰和安全感，可以疗创抚损的，莫过于家。所以返回家中代表退居、充实自己的意思。

　　家人卦强调家中之礼义、伦理要贞正，才能以家推广天下之治，若家道困穷、不正、乱常理，便造成乖违不利的后果，所以家人卦后面接着第三十八卦睽卦。

　　睽的意思是乖异，也可以说违背道理、伦常。万事万物一旦违背天地自然之道，人类一旦违反礼义，就会招来灾难，所以睽卦后面接着第三十九卦蹇卦。蹇的意思就是险难。

　　然而，只要能守住正道，灾难也有过去的时候，不可能终久都是灾难，所以，蹇卦之后接的是第四十卦解卦。解的意思是解除困厄、灾难或者有缓慢、缓和的行动。

　　困厄险难的解除必定是缓慢的过程，太过缓慢也会失去时机，造成损失，所以解卦之后是第四十一卦损卦，损代表有所损失。

　　有所损失未必是伤害，所谓塞翁失马，焉知非福。所谓"损其深，增其高"，往往这一方面有失去，另一方面就有所得，得失未必能被看到。这方面损失到某个程度后，必定相对增益别的方面，所以损卦之后接的是第四十二卦益卦。

　　益本来指君子损失自己而增益大众之幸福，增益的不断进行，决去的时候必定到来。所谓决去，从卦形来看，阳爻把阴爻除去，就是刚健纯正的阳爻渐占优势，如此必定有所遭遇，所以益卦后面接的是第四十三卦夬卦，夬，是决去，即永别的意思。

　　决去必定有所交遇，所以夬卦后面是第四十四卦姤卦。姤的意思是交遇，如天地相遇而万物欣欣向荣；如志同道合的人相遇而相辅相成；如物之同性质、同类别相遇，必然成为聚集，所谓同类相助、物以类聚。

　　一旦相聚而互助互辅，则亨通且有利于前进、发展，所以姤卦后接着第四十五卦萃卦。萃的意思是相聚、相合，互相喜悦、欢愉才会聚集成多数。

由于聚集与得到应有之助力，所以会欣欣向荣，有往上进步、提升的行动产生，故萃卦之后接着第四十六卦升卦。升卦的意思是能中间刚强、外表柔顺地顺势发展与前进，所以非常有利于向前进展。

这种提升及扩大，到了一个极点便会招来阻碍或困厄，这便是物极而反的道理，所以升卦不停上升，接着是第四十七卦困卦。困的意思是受到困惑、困厄、困阻而不能遂行志向的意思，犹如君子处于乱世，被小人困阻。

困阻往上发展则只有返回下方，意思是避开这种迫害而退居在下，所以困卦后面接的是第四十八卦井卦。井的意思是中间虚空，能养物无穷，纵使人改换地方也不会改变需要水的特性。

君子受了困阻返回下方，不但要保持内部谦虚，而且不能失去应有的志向，仍然要如井卦一般，在维持必要德性的同时，井水之道不可不变革。要反省为何受困阻，便须自我改革，或寻求天下之弊病以求改革，所以井卦后面接着第四十九卦革卦。

革的意思是如心志不同则革除障碍以求并行，或取信于天下合乎正道的改革、革命，或自己力求革新以顺乎天道，然而，革新、改革的主要目的莫不在于祈求亨通、强大。所以革卦后面接着第五十卦鼎卦。鼎，代表最高礼仪和制度，变革诸物莫过于鼎器。

鼎的意思是亨通，代表君王烹饪祭品，祭祀上帝且能奉养天下，政事通达，百姓和悦，乃是大通大达的代表，鼎卦之后便接着第五十一卦震卦。震卦代表长子，长子主持祭祀与传家之器，所以才以震卦接在鼎卦的后面。

震是活动、行动的意思，所以它代表活动，却不能一直持续地动，总有终止、缓慢、停止的时候，所以，震卦后面接着第五十二卦艮卦。艮的意思是停止、阻止，也象征静而后动，动而后静。

万物万事不可能终久地静止、停止，必然再有所行动，所以后面接着第五十三卦渐卦。渐的意思是循序渐进，内刚外柔地顺从着前进，也含有应时而动、相机而行的意思。

渐渐前进，必然有一定的归所，所以渐卦后接着第五十四卦归妹卦。归妹指天地之气要互相交合，才能使万物有所兴，也象征少女愉悦地出嫁，代表能得到应该归向的归宿，即宿有所、归有向的意思。

既然得其归宿则能培育成大器，因而有强大、丰盛之象征，所以归妹卦后接的是第五十五卦丰卦。丰的意思是盛大，本身具备大德大业并能普及百姓、万物。

穷极盛大，不能被围限、拘束，以致失去本身的住所，所以丰卦后面接着第五十六卦旅卦。旅卦的意思是旅行于外，在外漂泊，没有被收容、容纳的地方。

虽然本身不会有什么过失，而且还算亨通，但是终究不能如此居无定所、没有寄托，故旅卦之后接着第五十七卦巽卦。巽本意就是入，即进入、返回的意思。

带着顺的性质，代表能进入而有所前进，也因有所进且能顺利，故巽卦之后是第五十八卦兑卦。兑本身代表喜悦，能顺利而有所进，便产生了喜悦。

万物终不可能一直顺利，更不可能一直维持喜悦的状况，喜悦而后终会散去、离开，故兑卦之后接着第五十九卦涣卦。涣的意思便是离，即离散、离去，或解离、解散的意思。

依循环的原则与《易经》物极必反之道理，终不可能永远、终久地离散，故离卦后面是第六十卦节卦。节的意思是节约、节制。

若能节俭、节约、节制，便能不逾矩，合乎节度，就能取得别人的信任，所以节卦后面接着第六十一卦中孚卦。中孚是指能有信实并因之感召别人，使别人也受其恩惠。

这么一来，别人便能放心地相信他，他就可以有所行动。然而一旦有所行动，便会遭遇阻碍或过失，故中孚卦之后接着第六十二卦小过卦。小过的本义是"小有所过"，意思是做小事、有小幅度进展是可以的。

而要做大事业或成大事，恐怕不能顺适地进行，只能小心翼翼行进，否则须更加努力，故小过卦后接的是第六十三卦既济卦。既济是事可以成，所计划从事可以有所作为，且有成功的可能，而《易经》的一贯道理不在成功或完成上，而注重一种循环，世界万事万物不可能止于某一点或某一阶段，必定不停向前推行、变化，所以既济卦后接的是第六十四卦未济卦，以此结束《易经》。

未济的本义是事未成，这正点出《易经》一个大道理，凡事有成功、完成的时候吗？绝对没有。人的修身、德性以至事业有终止的时候吗？绝对没有。万物之生化、变化、成长至新生有止境吗？也不会有。更何况天道大自然之法则与运行，更不会有所谓"成"的时候，所以说不论天道自然、人类文明或万物进化，都是永远未完成的。这正是《易经》的最大智慧与包容性。

由此看出，六十四卦中的数字序列不是随意排列的，而是有着内在紧密联系的，卦与卦间的关系揭示了事物发展变化的基本规律。

卦名次序歌

乾坤屯蒙需讼师

比小畜兮履泰否

同人大有谦豫随

蛊临观兮噬嗑贲

剥复无妄大畜颐

大过坎离三十备

咸恒遁兮及大壮

晋与明夷家人睽

蹇解损益夬姤萃

升困井革鼎震继

艮渐归妹丰旅巽

兑涣节兮中孚至

小过既济兼未济

是为下经三十四

第二章
易数与成语

　　《易经》对汉语成语的形成、发展、流传贡献之大，影响之深远，不可估量。源自《易经》的成语中，有一部分与易数有着密切关系，这些成语蕴含《易经》的丰富内涵，是《易经》文化的一种体现，亦为《易经》的发展和传承起到了重要推动作用。本章选取十个有代表性的数字成语进行分析、阐述。

第一节　一元复始

一元复始，这个成语源自《易经》中的复卦。

复卦

复卦的卦象，上为地，下为雷。复卦初爻为阳爻，其余五爻皆为阴爻，一阳五阴，谓之"一阳生"，又叫"一阳来复"。阳气初生，顺行而上，阴气渐消，万物萌动。

从复卦开始，有了第一个"阳"，这就是"一元复始"，"元"也是"第一"的意思。"一元复始"就是一年又开始了。"元"作为"年头"的代名词，寄托了古人对开端的重视和对生命的沉思。

一元复始指新一年的开始，万象更新指的是事物或景象改换了样子，出现了一番新气象。

复卦，是《易经》六十四卦的第二十四卦。它的卦象是这样的：坤上震下，六爻中，二爻、三爻、四爻、五爻和上爻都是"阴爻"，但"初爻"是"阳爻"。六爻几乎全是"阴"，幸好开始出现了一个"阳爻"，这就是生机、温暖、希望的开始，是"新"的开始。根据专门解释卦象的《象传》：复归表示顺利，阳刚之气回归了，下面的震卦表示动，上面的坤卦代表顺，行动而又顺利，因此出入无病，朋友前来也没有灾难，返回到它本来的阴阳消长规律上。

　　古人为何贺冬至而不贺夏至？复卦对应冬至，隐含着什么？冬至大如年，其道理可从《易经》中得到解答。冬至是黄历十一月的中气，是二十四节气之一。从《易经》六十四卦的对应来看，冬至之卦为复卦。复卦（地雷复）的卦象为坤上震下，乃雷藏地下之象。雷（震）卦初爻是阳爻，上为二阴爻；地（坤）卦是三阴爻。复卦六爻，即一阳爻在下，五阴爻在上，寓意生命跃动的生机藏在地底下，等待春天复苏。《大戴礼记·夏小正第四十七》说"日冬至，阳气至，始动……"，"阳气至"就是卦象初爻为一阳爻所显现的含义。古人说"冬至一阳生"也是这个易理。

　　《汉书·五行志（下之下）》也说："冬至阳爻起初，故曰复。""复"有返回的意思，冬至就是阳气循环返回起点（初爻），寓意天地间又到万象更新的起点。从六十四卦的顺序来看，复卦接在剥卦（山地剥）之后，所以有"由剥而复"之说。"由剥而复"又显示一种人生哲理，其道理也显现在卦象中。剥卦由上一阳爻和五阴爻组成，复卦由下一阳爻和五阴爻组成。"由剥而复"显示阴阳循环恒常不变的理则：阳气衰微之后，由上转入地下复生，象征阴阳循环回到起点，代表新生。古人传下来的成语"一元复始"就是从"由剥而复"的卦象来的，寓意万象更新。古人贺冬至而不贺夏至，道理就在于此，冬至到了，阳气返回，天地一元复始，将万象更新，所以古人在严寒中欢庆冬至！

　　夏至是盛夏之节，也是阴气起的时点。东汉蔡邕《独断》说："冬至阳气起，君道长，故贺。夏至阴气起，君道衰，故不贺。"中华文化观察天地之理深远而入微。在上古的周朝，冬至日，天子率百官举行大祭，祭祀天神、地神、祖先和八神（八蜡，后代称八腊）；地方祭祀社稷；家家户户祭神和祭祖。普天下怀着敬畏、感恩之心度过一年中最长的一夜，迎接一元复始、万象更新的新年。冬至到，一阳归来，万象更新还会远吗？此日往后，阳气慢慢强盛，万物会越来越舒展，前程将越来越光明。

第二节 一画开天

"一"这个数字在《易经》中有十分重要的地位，伏羲一画开天的故事便充分说明了这点。

乾卦

伏羲是我们的人文始祖，他最伟大的贡献是创立了八卦体系。八卦的第一卦是乾卦，乾卦的第一画便是一画开天的"一画"。为了深入了解"一画"的伟大意义，我们不妨穿越到远古时期，去看看这样一幅场景：

有一群很原始的人，原始到他们还没有部落，什么生产劳动工具也没有，更没有文字，他们像其他弱小动物一样，每天就是去寻找食物，听天由命，自生自灭，日复一日，年复一年。直至群落中出现了一个不安分的人，他上观天文，下察地理，了解到宇宙运行的一些规律。终于有一天，也许是保暖之后的片刻休息，也许是花开半夏的午后，这个人手上拿着树枝，也可能是石块等其他的东西，不经意间在地上或者石壁上画了一横，这个人灵光一现，仿佛一道闪电划过，隐约感到这个横线好像可以代表一些东西。比如，横线上面可以代表日出的白天，横线下面可以代表日落的黑夜；横线上面可以代表强壮的男人，横线下面可以代表孕育后代的女人；横线上面可以代表他们常去寻找食物的方向，横线下面可以代表他们从未踏足的方向；等等。总之，他发现了这个横线的含义，这个含义把人导向了万物之灵，预示着人的思考能力要开化，人也许很快就有思想，人走向了一条和其他生灵不同的道路。人的大脑开始活动，不再盲目地寻找食物果腹，寻找山洞避险。这个人发现这个东西后，告诉了其他人，他们没有语言，我们不知当时他们是怎么交流的，能确定的是，这个人让其他人明白了这是什么意思。他继续观察周围的大自然，观察日出东方、日落西山是一天，观察花开花落是一夏，观察水流的方向，观察山川河流的变化，观察人们的生老病死，最终形成了包含当时天地万物人文思想的八卦，创立八卦的人就是伏羲。

关于一画开天，还有另一种传说。有一天，伏羲在听到一声巨响之后，发现渭河对岸火星飞溅、豁然中开，龙马振翼飞出，通体卦爻分明，闪闪发光，悠悠然顺河而下，直落在河心的分心石上。分心石幻化成立体太极，阴阳缠绕，光芒四射。通过观察龙马背上纹理、蓍草草茎、自然界存在的现象以及他们之间的关系，伏羲不断思考，开始"揲蓍画卦"，利用乾、坤、坎、离、艮、震、巽、兑八种符号，对应自然界天、地、水、火、山、雷、风、泽的八种变化，创造出了先天八卦，华夏文明由此诞生。《尚书·序》中记载："古者伏羲氏之王天下也，始画八卦，造书契，以代结绳之政，由是文籍生焉。"

在伏羲所画的先天八卦中，不仅创造性地指出了天、地、白天、黑夜，分出了年、月、日、时，创造了历法，而且依据事物的不同形状造文字、刻书契，如日、月、山、水等，创造了中国最早的象形文字，结束了人类结绳记事的时代；之后又在梨样的黄土泥团上打孔，创造出最原始的乐器——埙。伏羲利用这些先进技术和方法不断征服八大部落，最终实现中华民族发展史上的第一次大统一。

伏羲所创的先天八卦，揭示了天地万物的演化规律和人伦秩序，后世在此基础上不断研究、继承、发展，逐渐形成了一套完整的理论体系——《易经》。《易经》涵盖万有，纲纪群伦，是中华文化的杰出代表；它广大精微，包罗万象，亦是中华文明的源头活水。伏羲也因为对《易经》开源而被世人铭记。

一画开天的"开天"指的是打开人们的智慧，给人们带来文明。

第三节 一分为二

《周易·系辞上》："易有太极，是生两仪。"这就是一分为二，太极是"一"，两仪是"二"。这个"二"就是阴阳。

太极图

《周易·系辞上》还说："一阴一阳之谓道。"这就是认为世间所有事物都有阴阳两个方面，对立统一，这是事物发展的基本规律，就是道。

"一"能分为"二"，"二"又能合为"一"。《易经》把这种特性称为"太极生两仪"，又曰阴阳之道，因为用阴阳来形容一分为二最具有代表性和说服力。孔子也感叹："一阴一阳之谓道。"

阴阳者，一分为二也。阴阳学说认为，世界是物质性的整体，宇宙间一切事物不仅其内部存在着阴阳的对立统一，而且其发生、发展和变化都是阴阳二气对立统一的结果。阴阳学说是中国古代朴素的对立统一理论，属于中国古代唯物论和辩证法的范畴，体现出中华民族独有的辩证思维和特殊精神。其哲理玄奥反映着宇宙的图式，影响深远，成为人们行为义理的准则。如当今博得世界赞叹的《孙子兵法》就是中国古代兵家理论和实战经验的总结，它将阴阳义理在军事行为中运用至极，已达到出神入化的境界。

中医学把阴阳学说应用于医学，形成中医学的阴阳学说，促进了中医学理论体系的形成和发展，中医学的阴阳学说是中医学理论体系的基础之一和重要组成部分，是理解和掌握中医学理论体系的一把钥匙。《黄帝内经·灵枢·病传》曰："明于阴阳，如惑之解，如醉之醒。"《景岳全书·传忠录·阴阳篇》曰："设能明彻阴阳，则医理虽玄，思过半矣。"中医学用阴阳学说阐明生命的起源和本质，人体的生理功能、病理变化，疾病的诊断和防治的根本规律，阴阳学说贯穿中医的理、法、方、药，并且一直以来有效指导着实践。

阴阳的对立、互根、消长和转化构成了阴阳的矛盾运动，成为阴阳学说的基本内容。

一、阴阳对立

对立是指处于一个统一体的矛盾双方互相排斥、互相斗争。阴阳对立是阴阳双方互相排斥、互相斗争。阴阳学说认为，阴阳双方的对立是绝对的，如天与地、上与下、内与外、动与静、升与降、出与入、昼与夜、明与暗、寒与热、虚与实、散与聚等。万事万物都是阴阳对立的统一。阴阳的对立统一是"阴阳者，一分为二也"的实质。对立是阴阳二者之间相反的一面，统一则是二者之间相成的一面。没有对立就没有统一，没有相反就没有相成。

阴阳两个方面的相互对立，主要表现在它们相互制约、相互斗争。阴与阳相互制约和相互斗争的结果是取得统一，即取得动态平衡。只有维持这种关系，事物才能正常发展，人体才能维持正常的生理状态；否则，事物的发展变化就会遭到破坏，人体就会发生疾病。总之，阴阳对立是用阴阳说明事物或现象相互对立的两个方面及其相互制约的关系。

二、阴阳互根

互根指相互对立的事物相互依存、相互依赖。阴阳互根，是阴阳之间互为根据和条件，双方均以对方的存在为自身存在的前提和条件。阴阳所代表的性质或状态，如天与地、上与下、动与静、寒与热、虚与实、散与聚等，不仅互相排斥，而且互为存在的条件。阳根于阴，阴根于阳，无阳则阴无以生，无阴则阳无以化。阳蕴含于阴之中，阴蕴含于阳之中。阴阳一分为二，又合二为一，对立又统一。故《景岳全书·传忠录·阴阳篇》曰"阴根于阳，阳根于阴"，《素灵微蕴》曰"阴阳互根……阴以吸阳……阳以煦阴……阳盛之处而一阴已生，阴盛之处而一阳已化"。阴阳互根深刻揭示了阴阳两个方面的不可分离性。中医学用阴阳互根的观点，阐述人体脏与腑、气与血、功能与物质等在生理病理上的关系。

三、阴阳消长

所谓消长，即增减、盛衰。阴阳消长，是指阴阳对立双方不是静止不变的，而是始终处于此盛彼衰、此增彼减、此进彼退的运动变化之中。其消长规律为阳消阴长，阴消阳长。阴阳双方在彼此消长的动态过程中保持相对平衡，人体才保持正常运动规律。平衡是维持生命的手段，达到常阈才是健康的特征。阴阳双方在一定范围内的消长，体现了人体动态平衡的生理活动过程。如果这种"消长"关系超过生理限度，将出现阴阳某一方面的偏盛或偏衰，于是人体生理动态平衡失调，疾病由此而生。在疾病过程中，同样存在着阴阳消长的过程。一方太过，必然导致另一方的不及；反之，一方不及，也必然导致另一方太过。阴阳偏盛，是阴阳消长中某一方"长"得太过的病变，而阴阳偏衰，是阴阳某一方面"消"得太过的病变。阴阳偏盛偏衰就是阴阳异常消长病变规律的高度概括。一般来说，阴阳消长有常有变，正常的阴阳消长是言其常，异常的阴阳消长是言其变。总之，自然界和人体所有复杂发展变化都包含阴阳消长的过程，是阴阳双方对立斗争、依存互根的必然结果。

四、阴阳转化

所谓转化，即转换、变化。阴阳转化，是指阴阳对立的双方，在一定条件下可以相互转化，阴可以转化为阳，阳可以转化为阴。阴阳的对立统一包含量变和质变。事物的发展变化，表现为由量变到质变，又由质变到量变的互变过程。如果说"阴阳消长"是一个量变过程，那么"阴阳转化"便是一个质变过程。必须指出的是，阴阳的相互转化是有条件的，不具备一定的条件，二者就不能各自向相反方向转化。阴阳的消长（量变）和转化（质变）是事物发展变化全过程中密不可分的两个阶段，阴阳消长是阴阳转化的前提，而阴阳转化则是阴阳消长的必然结果。总之，阴阳是中国古代哲学的基本范畴之一，也是易学哲学体系中的最高哲学范畴。中国古代哲学中的一些重要概念、范畴和命题都是以阴阳为基础展开讨论和阐释的，把阴阳当成事物的性质及其变化的根本法则，将许多具体事物都赋予阴阳的含义。事物的对立面就是阴阳。对立的事物不是静止不动的，而是运动变化的。阴阳是在相互作用过程中运动变化的。阴阳的相互作用称为"阴阳交感"，也就是阴阳互相接触和互相感应。

正因为阴阳有以上四个特性，所以我们要全面看待人或事物，既要看到积极方面，也要看到消极方面。

第四节　三阳开泰

何为"三阳"？按照《易经》对天时节气的解释，冬至是"一阳生"，腊月是"二阳生"，正月则是"三阳生"，表示阴气趋向于衰竭而阳气趋向于鼎盛，大地上冬去春来，万物复苏，开始走向欣欣向荣。什么是"开泰"？这出自《易经》的泰卦。

泰卦

此卦的组合是上面三阴爻，下面三阳爻，乾在下，坤在上，意象为天在下、地在上，呈现一种阴阳势力均等、阳气上升、阴气下沉而天地相交、乾坤相合的趋势和气象。

《周易·系辞上》中说"生生之谓易"，"三阳"开启的就是一条生生不息之路，展现其中的次第变化历程。《周易·系辞下》中说"天地氤氲，万物化醇；男女构精，万物化生"，"开泰"中的阴阳平衡与沟通是万物生发的内在动力。所以，"三阳开泰"表达的正是一种亨通和顺利的景象。

三阳开泰的核心是"阳"，是阳气主宰这个过程。人体是一个小宇宙，只有与天时的阴阳之气同步才能健康，所以中医也有人体的三阳开泰的说法，也要靠一阳到三阳逐步生发阳气来实现身体的康健。如何生发？就是三点——动则升阳、善能升阳、喜则升阳。

第一，动则升阳。《吕氏春秋》中说："流水不腐，户枢不蠹。"流动的水不会发臭，常转的门轴不会遭虫蛀。东汉末年神医华佗也提到"动摇则谷气得销，血脉流通，病不得生"，人只要多动一动，就会气血流通，百病不生，所以动是生命力的真正来源。动，对应的正是阳，动便生阳气。现代人上班坐在办公室，出门就坐车，回家又坐着看电视、玩电脑、玩手机，一天绝大多数时间都坐着，不动则阳气不得升发，气血就瘀滞，长此以往，身体怎能不生病呢？

第二，善能升阳。《太上感应篇》提到，人有三"善"：语善、视善、行善。

语善，就是多说好话和正面的话，鼓励人，激励人，温暖人。古人说"良言一句三冬暖，恶语伤人六月寒"，讲的就是语善能升阳的道理。比如对孩子，成绩不理想时要多鼓励，犯了错误要多引导，不到不得已时不要批评和喝骂。如此，孩子才能持续建立起自己的信心，阳气得到持续升发，身心得到正面平衡的发展。

视善，就是多去看美好的事物，山水可以养心，美物可以怡情，美好事物可以将人的身心导向正面，阳气因此得到升发。孔子说"非礼勿视"，"礼"又是为了什么？《论语》中说"礼之用，和为贵"，眼睛多去看美好，身心才能和，人际才能和，世间才能和，而和气是人间的阳气。

行善，就是多做好事。所谓"正能量"，最有力的正能量来自做善事，这最是一股劲道的阳气。人帮助了别人、被别人帮助、看到人们互相帮助，心里会感觉暖暖的，这就是阳气升发的表现。

《礼记》曰："大道之行也，天下为公。"语善、视善、行善，不仅能提升道德人品，更能温暖人心。

第三，喜则升阳。古人说，喜则阳气生。这是一种生活智慧，多读些喜欢的书，多做些喜欢的事，多见些喜欢的人，就是在升发阳气。只生欢喜不生愁的人，在古代被称为神仙。喜是人生的一种大境界，保持一颗欢喜心，对身体的滋养比吃什么药都管用。每个人都想把握命运，想改变不满意的现状，如何做到呢？如果阳气旺盛，身体不仅不会受到病邪侵害，还能使精神平和愉悦，为心想事成打下良好的根基，所以升发阳气正是改变命运的好方法。

　　或许有人会问，为什么是"三阳开泰"，不是"一阳""二阳"或者"四阳""五阳"？为什么不用乾卦的"六阳"？这除了要与泰卦的卦象和含义相吻合，还有一个重要原因就是"三"在中国古文化中具有特殊含义。老子说："一生二，二生三，三生万物。"在古代，"三"代表很多，比如三人为"众"，三木为"森"，三水为"淼"，都含有众多的意思。同时，"三"代表天、地、人三才，朱熹说"三画而三才之象始备"。由此可见，"三"在日常生活中是非常重要的数字。

第五节　不三不四

对不正派、不正经的人和行为，人们习惯用"不三不四"来形容，其实这个词就出自《易经》。

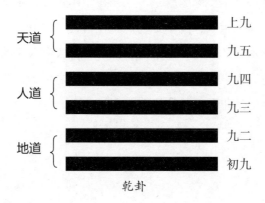

乾卦

从小妈妈就教育我们，不要和不三不四的人做朋友，可仔细想一下，为什么是"不三不四"，而不是"不一不二"呢？"三"和"四"到底代表什么？不三不四、颠三倒四、丢三落四、朝三暮四、推三阻四、说三道四、挑三拣四、低三下四……这里的"三""四"究竟是什么意思？为什么都是贬义词？其实，"不三不四"源于《易经》的六爻文化。

《周易·系辞下》云："有天道焉，有人道焉，有地道焉，兼三才而两之。"《周易·说卦》："立天之道，曰阴与阳；立地之道，曰柔与刚；立人之道，曰仁与义。兼三才而两之。""三才"之语词即由此而来。

《易经》每个卦都分成六个爻，俗称六爻卦。六爻中，每两爻一组与三才分别配对，即初爻与二爻为地道，三爻与四爻为人道，五爻与上爻为天道。那么，"不三不四"，就是不行人道，不在人道上，一个人或一件事物不在正道或大道上，就是不务正业。三爻四爻不在其位，不正位，不正时，是指人不正直，不规矩，严重点即"不是人"。

南怀瑾先生曾经这样说过，《易经》中卦的六爻象天、地、人三才，"上""五"两爻象天，"初""二"两爻象地，人处于地之上、天之下，故"三""四"两爻象人。

从古书上看，"不三不四"一词最早出现在明代施耐庵《水浒全传》第七回："这伙人不三不四，又不肯近前来，莫不要撅洒家？"后来，清代吴敬梓《儒林外史》第三回也出现过："也该撒泡尿自己照照！不三不四，就想天鹅屁吃！"明清小说都是用当时的口语写的，可见，那时"不三不四"就成为中国人的口语。

"三"和"四"作为两个数，当然在古人的思想体系里具有其他意义。先说"三"，据史料记载，古人认为，天为一，地为二，天地相加就成三。

"三"不仅是数的概念，还是事物整体的象征，所以，宇宙中有三才，即天、地、人；天有三光，即日、月、星；地有三宝，即水、火、风；人有三宝，即精、气、神；帝王有伏羲、神农、黄帝；古歌曲咏唱有"三叠"；等等。

"四"在古代多含周全、称心之意，有说"事事（四四）如意"。例如，古有"四书"，即《论语》《大学》《中庸》《孟子》；也有"四家诗"，即鲁诗、齐诗、韩诗、毛诗。此外，战国有"四公子"，即孟尝君、平原君、春申君、信陵君；传说中有"四大美女"，即西施、王昭君、貂蝉、杨玉环；文人有"四事"，即琴、棋、书、画；等等。

从上述不难发现，在中国传统文化中，"三"和"四"寄托着人们对美好事物的追求和礼赞，因此，那些不正派、不正经的人或行为便被斥为"不三不四"。

骂人也有大文化：从"不三不四"到"不是东西"。《易经》中五行原理出自河图，一水（天一生水，北方），二火（地二生火，南方），三木（天三生木，东方），四金（地四生金，西方），五土（天五生土，中土），五行中东西为"木金"，为有形之物，南北为"水火"，为无形之物。水与火是阴阳的两个极端，人秉五行而生，集五谷、五气而养，需要平和的五行之气才能正常有序发展。而水与火是人类社会与自然界的两个极致，代表不稳定与极变，水与火介入人类就是灾难。所以，说一个人不三不四，实际上在指责这个人是水火，是"南北"而不是"东西"，"东西"木金是有形有情之物，"南北"水火是无形无情之物。骂人"不是东西"，即不是东西，而是南北，这是很狠的话，也是很有文化的话，水火无情无义，所以"不三不四"是骂人的话。

第六节　人五人六

在日常生活中，人们把那些不正派、不规矩、不务正业的人叫作不三不四的人。如果一个人在社会上混得不错，要事业有事业，要名分有名分，人们就说"某某有两下子，混得'人五人六'的"。五和六跟人混得好不好有什么联系呢？为什么不说成"不五不六""人七人八"呢？

前面讲过，《易经》六爻象天、地、人三才，其中，"上""五"两爻象天，"初""二"两爻象地，人处于地之上，天之下，故"三""四"两爻象人。如果说一个人"不三不四"就是说你没在应在的位置上，不成样子。"上""五"两爻又引申为尊位，人们说皇帝是九五之尊，一个人出头露面、显达发迹，就说成是"人五人六"。

六十四卦中，除乾、坤两卦分别有一个有爻辞但无爻的"用九"和"用六"，其余每卦都有六个爻。这六个爻使用时依照从下往上的顺序排列，序号依次为初、二、三、四、五、上。"九"表示阳爻，"六"表示阴爻（九和六在这里不是数字，而只代表爻的属性是阴或阳）。这样，每一个爻位就有固定的名称。譬如乾卦，六个爻全是阳爻，其名称从下往上就是初九、九二、九三、九四、九五、上九。再如坤卦，六个爻全是阴爻，它的名称从下往上依次是初六、六二、六三、六四、六五、上六。其他类推可知。六十四卦由八经卦两两相配、排列组合而成，故每卦又分为一卦三爻的上、下两卦。上卦亦称外卦，描述的是三个刚位，代表一个人的外在表现；下卦亦称内卦，描述的是三个柔位，代表一个人的内在品德。

六爻之中，因为二、五爻分别处在下卦的中位和上卦的中位，因此爻辞多为吉利之语。三、四爻一个处在下卦最上位，一个在上卦最下位，位置不好，爻辞多不吉利。人们将一个卦的六爻总结为"初难知，上易知；二多誉，五多功；三多凶，四多惧"，意即二爻多有赞誉，五爻多获成功；三爻大多凶险，四爻大多惊惧。初爻的"初难知"是因为初爻大多潜藏或存在捉摸不定的变化，难以判断；上爻的"上易知"是因为发展到了最高阶段，大多过头，一看便明了。六爻就是人生的六个步骤，喻示人生的六个阶段、六种状态，也告诉我们应该怎么做才能趋吉避凶，趋利避害，百尺竿头，更进一步。

因为万事万物的变化都从内部开始，因此内卦的位置在下面。总的来说，一、二爻是讲地道，三、四爻是讲人道，五、六爻是讲天道。

还是以乾卦为例。

乾卦

乾卦三爻的爻辞："君子终日乾乾，夕惕若厉，无咎。"每天早晚都提心吊胆地保持警惕，以防凶险，这称为"惕龙"。四爻的爻辞："或跃在渊，无咎。"如果一跃成功，可能到五爻天位；如果上不去，可能不仅回不到原来的位置，反而坠落到渊底，这称为"跃龙"。

再看五爻的爻辞："飞龙在天，利见大人。"这时候厉害了，大权在握，意气风发，也叫九五之尊。六爻的爻辞："亢龙有悔。"过分自傲必然导致衰败和祸患，即到了盛极必衰的阶段。人到了五爻、六（上）爻的位置，自然有资格显摆、招摇，所以"人五人六"一方面指混得好，另一方面还有些贬义，指装模作样、人模狗样的，大概是反感上爻的张狂吧。

第七节　六六大顺

《易经》的坤卦有六个阴爻，"六"代表阴爻，坤为顺，六个阴爻就是"六六"，故称"六六大顺"。

坤卦

地势坤，君子以厚德载物。坤，顺也。我国地势西北高而东南低，水顺势而下，故"地势顺"。由此可见，坤卦的本质特点是坤顺乾、阴顺阳，坤卦六爻实际上是一个坤顺乾、阴顺阳的发展过程。坤顺之道日臻完美，居高位却能固守柔顺之德，至上六则发展到极盛地步，顺势转为逆势，坤顺乾变为坤敌乾，乃至与乾战。以上说法是人们将"顺"概括为坤的本质特点，坤顺乾、阴顺阳，最后到顺的极点就是大顺，把坤卦加进去，就为"六六大顺"，这也就是不叫"七七大顺""八八大顺"的原因。坤卦这种"顺"的特征，不是人们强加的，而是自觉地服从规律，尊重规律，按规律办事。乾代表天道，坤代表地道。地道极为柔顺，运行却刚健有力。地道后于天道运动，且这种运动是符合规律的。例如，天要打雷，地就把它化解掉；天要下雨，地就将它全部接纳；天要刮风，地就让植物摇摆着身姿；太阳出来，万物跟着生长；月亮出来，海潮伴随起落。坤的这种胸怀和气度，不正是它把柔顺做到极致吗？

然而，对"六六大顺"一词深入研究，发现还有另一种意义。《周易·坤卦》"上六"："龙战于野，其血玄黄。"《象》曰："龙战于野，其道穷也。"意思是龙正在地面争斗，血流成河。这本是大不顺的卦象，因为不顺，所以人们就说"六六大顺"来表达心中的期望。

"六六大顺"的出处和含义还有另外几种说法：

第一种，与中国传统文化中普遍运用的谐音现象有关。六的谐音是"陆"或"路"，六六大顺也就是"陆陆大顺""路路大顺"。另外，"六六"在酒令中也有"六六大顺"的意思。在猜拳时，人们把猜"六"这个数唱成"六六顺"，也有人认为"六六"的谐音是"溜溜"，也就是顺溜的意思。在古代，"三"是代表无穷的数字，如"三生万物"；"六"作为三的倍数，也具备无限延伸的意义，"六六大顺"也就是多倍的顺利。

第二种，"六六大顺"源自《左传》。《左传》曰："君义，臣行，父慈，子孝，兄爱，弟敬，此数者累谓六顺也。"这是说人与人之间的关系。放在现在来说，若能与家人相处和睦，与社会中的人（上级、下属、朋友、同事等）相处融洽，就能够人缘顺、事业顺，家里家外全顺。"六顺"也代表一种礼节、礼仪。

第三种，与中国传统习俗有关。在战国北方一些地区，有"六月六，走麦罢"的俗语。因为六月六日前后，小麦收割完毕，此时正是农闲阶段，也是探亲的好时机。所以，在六月六日这一天，女儿要回娘家，天气好的话，人们就会把衣服拿出来洗晒，意即"大红大绿"，所以六六大顺意味着生活丰富美满。总之，关于六六大顺的说法很多，但其核心意思都是祝愿他人或自己事事顺心，在各种关系中做到"和"与"仁"。如果我们坚持和传承中华优秀传统文化，重视仁义道德，以和为贵，顺应大势，以礼待人，以和处事，就一定能够六六大顺。

第八节 七上八下

七上八下，这个成语出自《易经》："太极生两仪，两仪生四象，四象生八卦。""两仪"即阴阳，"四象"即老阴、少阳、老阳、少阴，从数学角度而论，四象分别为6、7、8、9。

这6、7、8、9是怎么来的？现在拿出三枚硬币，假设一面为正，一面为反，正为阳，反为阴。同时转动三枚硬币，正面朝上记为3，反面朝上则记为2，那么，会出现哪几种不同情况？

若三枚硬币均为正面，则3+3+3=9；

若两正一反，则3+3+2=8；

若一正两反，则3+2+2=7；

若三枚硬币均为反面，则2+2+2=6。

如此，6叫作老阴，7叫少阳，8叫少阴，9叫老阳。

在《易经》中，阴极生阳，阳极生阴，阴阳相互转化。这个转化过程从一天变化中可以看出来，早上太阳初升，大地开始回暖但温度尚未升上来，这叫作少阳。到中午太阳直射的时候，阳气上升充足，叫作老阳，北京人常说晒晒老阳，指的便是正午时分。傍晚，热力减弱，地表由热转凉，此为少阴。夜晚，气温继续下降，少阴逐渐转为老阴。

事实上，阴阳转化的过程无处不在，四季轮转如此，一个人从初生到壮年，继而中年到垂暮，亦如此。

《易经》中四象以数字来表示。少阳为7，老阳为9，少阴为8，老阴为6。

阳由少阳到老阳的变化是7到9的变化，阳气逐渐上升扩张，是为"七上"；而阴由少阴到老阴的变化是由8到6的变化，阴气逐渐收缩的过程，是为"八下"。这就是"七上八下"的来历。

可是，同样是变化，7到9为上，6到7也为上；8到6为下，9到8也为下，为什么不用"六上九下"，而用"七上八下"来形容人慌乱、无所适从的心理状态呢？

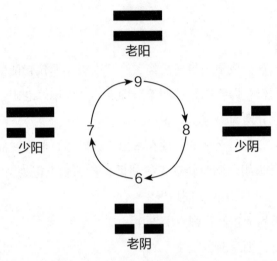

阳气上升，阴气收缩

"七上"是少阳上到老阳9，"八下"是少阴下到老阴6。就某个事件而言，是往上去到老阳9还是往下去到老阴6，是两种截然不同的结果，人们心里自然会忐忑不安，也就有了"七上八下"的感觉。

有人从字面去解读"七上八下"，认为"七"好"八"不好。当我们了解"七上八下"的由来，遇上这些"七"与"八"时，就能坦然面对，不至于心慌意乱、纠结万分。

第九节 九五之尊

九五之尊，是古代对皇帝的尊称。"九"和"五"象征帝王的权威，出自《易经·乾卦》："九五，飞龙在天，利见大人。"中国古代把数字分为阳数和阴数，奇数为阳，偶数为阴。阳数中"九"为最高，"五"居正中，因而以"九"和"五"象征帝王的权威，称为"九五之尊"，这也是"九五之尊"的另一种说法。

乾卦

《周易》六十四卦的首卦为乾卦，乾者象征天，因此成了代表帝王的卦象。乾卦由六条阳爻组成，是极阳、极盛之相。从下往上数，第五爻称为九五，九代表此爻为阳爻，五为第五爻的意思。九五的爻辞是"飞龙在天"，预示龙到了最佳的状态，是最好的一爻，是帝王独享的一爻，成为帝王之相。这里的"九"本不是具体数字，而是判别数字阴阳属性的符号。后来人们把"九"和"五"作为具体的数字来运用，一来是为了契合代表帝王的九五爻，二来"九"和"五"两个数字在外观形态及建筑学上也非常符合美学原则。天下闻名的天安门城楼，其城台设五个门洞，面阔九间，进深五间；故宫中许多建筑的开间为九间或五间。据文献记载，清朝皇帝的龙袍上绣有九条金龙，然而，从图像及实物看，前后相加只有八条金龙，与文字对照尚缺一条。有人认为，还有一条就是皇帝本身。其实这条龙纹被绣织在衣襟里面，一般不易被看到。这样，每件龙袍的实际绣龙数仍为九条，而从正面或背面单独看时，所见都是五条（两肩之龙前后都能看到），与"九五"之数正好吻合。

在中国古人的观念里，奇数为阳，偶数为阴，而奇数里最大的数字是"九"。《周易·乾卦·文言》曰："乾元用九，乃见天则。"古人把"九"当成天的象征，因此有"九天""九重天""九霄"之说，紫禁城被称为"宫阙九重"，宫廷器物也多以"九"名之，如九龙杯、九龙壁、九桃壶等。

"五"在阳数中处于居中位置，有调和之意，说明"五"是代表阴阳平衡的数字，而后人衍生出更多"五"之数，如五行、五方、五色、五谷、五味、五音、五常、五经、五岳等。

五行——木、火、土、金、水；

五方——东、南、中、西、北；

五色——青、赤、黄、白、黑；

五谷——稻、黍、稷、麦、菽；

五味——酸、苦、甘、辛、咸；

五音——角、徵、宫、商、羽；

五常——仁、礼、信、义、智；

五经——《诗经》《尚书》《礼记》《周易》《春秋》；

五岳——东岳泰山、南岳衡山、中岳嵩山、西岳华山、北岳恒山。

"九五之尊"一词的来由，还有一种解释——古代把社会阶层分为六层，分别对应乾卦的六个爻位：

上九："宗庙"之位；

九五："天子"之位；

九四："诸侯"之位；

九三："大公"之位；

九二："大夫"之位；

初九："百姓"之位。

达到"九五"这样尊贵的位置，是多少人梦寐以求的事，多少人为之拼搏奋斗，但最后在"九五"位置上腾飞的只是凤毛麟角。

"九五"这个位置看似风光无限，实则暗藏危机。九五爻再往上一爻就变成上九爻"亢龙有悔"，从"飞龙"到"亢龙"，从"尊位"到"悔位"，实际上仅一步之遥。没有到"九五"之位时，拼着命去争；一旦成为"飞龙"，离危险就不远了。

先看《周易·乾卦·文言》对九五爻的描述："'飞龙在天，利见大人'，何谓也？子曰：'同声相应，同气相求，水流湿，火就燥。云从龙，风从虎。圣人作而万物睹。'"龙得到天时地利，飞上天空，互相应和，志同道合，圣人兴起，万物景仰，这是多么繁荣昌盛、天下太平的景象啊！然而，往上到上九爻，风云突变，变成一条"亢龙"，一下子从最好、最尊贵的位置，转到一个充满危机、会招致灾祸的位置。从"飞龙"到"亢龙"的演变，启示人们在顺利的时候要保持高度警惕，要有强烈的忧患意识，才能应对复杂局面。

河图以"五"居中，以"九"为大。

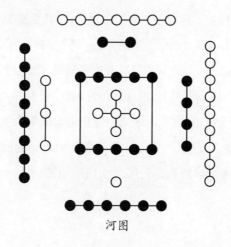

河图

河图中的黑白圆点，表示从一到九的不同数字。"五"居正中，是按古人"盖天说"，天为圆，地为方，将方的大地的中心点以"五"来代表，而其他八个数各自代表不同方位。汉语的"中央""中原""中国"等，都与"五"有关，居中为正，四面八方都归顺于"中"，向我华夏朝贡！《尚书》中讲到大禹治水后，定九州，规定各处应缴纳的税赋，就是向当时定都在中原的夏王朝进贡。而"九"在河图中又是最大的数目，没有比"九"再大的了。所以，天下大山定为"五岳"，大地定为"九州"，均与此二数的蕴意有关。以后历代帝王封建宫廷生活的各个方面，包括建筑，都与"九""五"这两个有着至高无上象征意义的数字密不可分。如皇帝身上所穿龙袍必为九条龙绣之，皇室所用织物常用黄色（"五"，其地为中，其色为黄）；天安门的城门为五个门洞；相传太和殿开始也是九开间、五进深，后因李自成起义毁坏，清代由于找不到长的金丝楠木为梁，只好用短梁并改成十一开间，但仍为五进深；颐和园的九龙壁，由栩栩如生的九条龙塑成。

《易经》起源于河洛，前文已有分析。我们再从《易经》看"九五之尊"一词，更可明其含义。我们看卦，应自下向上数，阳爻为九，阴爻为六。最底下的第一爻是阳爻，则称为"初九"，如是阴爻，则称为"初六"；第二爻如是阳爻，名"九二"，如为阴爻，名"六二"……依此，乾卦的第五爻就称为"九五"，"九"代表此爻为阳，"五"为处在第五的位置上。"九五"再上去就到顶了，称"上九"，其爻辞是"亢龙有悔"，是说事物到了极端，就走向反面，孤家寡人，狂妄自大了，就必定倒霉（有悔）。所以退下一位，"九五"才是乾卦中最好的爻，位尊且位正，阳爻阳位（1、3、5为阳；2、4、6为阴），是最好的位置。乾卦是六十四卦之首，因此"九五"也就是六十四卦三百八十四爻中屈指可数的第一爻，是帝王之相。

所以，《易经》中的数，不能单单看成是个数，而要看到其象（象征）和其理（哲理），这是学易者首先应当明白的道理。

第十节　九九归一

九九归一，是说万物达到极点，自然循环。《易经》六十四卦中，复卦开始，可以说是"九九归一"。另外，每个卦到达上六或上九后，必然"九九归一"。

九九归一，虽然指周而复始或归根到底，但不是原地轮回，而是由起点到终点，再由终点到新的起点，循环往复，以至无穷，是螺旋式前进和发展的运动过程。它体现人类对一切事物发展认识的辩证唯物论思想。佛语有云："九九归一，终成正果。"在这里，"九"是最大的，也是终极的，古今人文建筑都以之为"最"。要想"九九归一，终成正果"，还需要"一四七，三六九"，一步一步往前走。九九归一即从来处来，往去处去，又回到本初状态。其实，这种复原不是简单地返回，而是一种升华，一种再造，一种涅槃，更是一个新的起点。

九九归一，除了有周而复始或归根到底的含义，还包含泰极而否或否极泰来的意思。

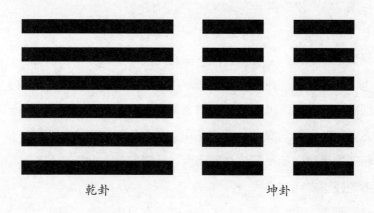

乾卦　　　　　　　　　坤卦

《周易》中的乾、坤两卦，是"否极泰来"和"泰极而否"两词的源头，不仅因为乾坤相叠，而是乾、坤两卦的第六爻均表示到极点时会向相反方向发展。《周易·乾卦》上九曰："亢龙有悔。"《象》曰："'亢龙有悔'，盈不可久也。"《文言》曰："贵而无位，高而无民，贤人在下位而无辅，是以动而有悔也。"《周易·坤卦》上六曰："龙战于野，其血玄黄。"《象》曰："龙战于野，其道穷也。"对乾、坤两卦的分析描述，其实是再次提醒人们：事物的好坏是可以转化的。

"亢龙有悔"，一以贯之地强调忧患意识。亢，为高傲、极度之意。现代人常以"亢奋""亢进"来形容某人的情绪化或冒进行为。龙，既是中华民族的传统图腾，也象征着国家的统治者——天子。《周易》反复强调物极必反，盈不可久也。即使是天子也不例外，统治者必须遵循自然规律，时刻保持警惕性。

"亢龙"有以下几个特征：

一是"盈不可久"。《象》曰："亢龙有悔，盈不可久也。"乾为盈，满也。"盈不可久也"，其寓意是盈满的事物将会发生转化，不可长久保持现状。即便是天子，做事也不能太满，要留有余地，不要把事情做绝。天子都不能违背客观规律，平民百姓更是如此，我们在谋划事情或者在行动时要适可而止。如果长期处于"盈"的状态，将会走向反面，阳变阴，阴变阳，不可能长期保持"满"的状态。

二是"贵而无位，高而无民"。《文言》曰："上九曰：'亢龙有悔。'何谓也？子曰：'贵而无位，高而无民，贤人在下位而无辅，是以动而有悔也。'"亢龙已在上九，在最高位，这个位置看似风光无限、权力无边，实则高处不胜寒。因为上九是阳爻上升到最高位，表示阳已达到极盛阶段，"亢龙"既孤单寂寞，又无依无靠，所以呈现"无位、无民"的状态。当然，所谓"无位、无民"仅是形象说法，提醒"亢龙"正处于非常孤立的状态，不能轻举妄动。

三是"穷之灾也"。《文言》曰："亢龙有悔，穷之灾也。""上九"

的寓意是已到尽头，显穷尽之态，君子唯一能做的就是应变。因为变是绝对的，不变是不可能的。在这样的情形下，必须审时度势，及时调整自己的思路，不但要知变，还要会变。要想方设法把"亢龙"变成"飞龙"，重新回到有利位置，该退一步就得退，该舍一方就得舍，看似退，实为进，使自己立于不败之地。

"亢龙有悔"的"悔"，令人颇为玩味。乾卦六爻均为阳，它的每一爻都描述龙的不同状态、不同变化，实际上在讲君王的变化与发展。乾卦的上九是卦中的最后一爻，已经到极点，到了物极必反的关口，体现凶险不必非用"悔"字，可又偏偏只用"悔"字，这是什么原因呢？我们都知道，乾卦描述的是龙，代表的是君王，对君王前途命运的描述是不能绝对否定的。而"悔"字恰如其分地表达了对君王之爱，又不失时机地敲响警钟，仿佛在苦口婆心地告诫和劝说君王："圣上，您要小心啊！"因为"悔"所体现的是一种可控、可改、可救的状态，这时候不能乱说乱动，绝对要低调做人做事、顺应自然，才能有位、有民，有贤人辅助，才能有国家。

第三章
易数与建筑

　　易数与中国传统建筑有着千丝万缕的关系，易数已渗透到中国传统建筑的方方面面，易数对中国传统建筑思想的形成和发展影响巨大。毫不夸张地说，数千年来，中国传统建筑全都有易数的烙印，处处都体现易数思维，并将它发挥到了极致。

第一节　易数对中国古代建筑文化之影响

易数的影响，形成了中国古代建筑独特的思维方式。无论是帝王宫殿还是普通民宅，都深深受到易数的影响，形成独有的建筑文化体系，展示出特有的风格。

在中国历史上，《易经》是最早论及建筑起源及其基本功能的一部经典。《周易·系辞下》曰："上古穴居而野处，后世圣人易之以宫室，上栋下宇，以待风雨，盖取诸大壮。"其意思是："上古时代，人们冬天居住洞穴，夏天露宿野外。后来，圣明之人建筑了房屋，上有栋梁，下有椽檐，用以遮风避雨。从卦象而言，这都取法于大壮卦。"国学大师李冠论在讲《易经》时，也谈及房屋的栋梁结构、门窗结构、庭院结构等，比如大过卦是以房屋建筑之栋梁结构为取象来论述过头事物的专卦。在《易经》中，还有关于防御社会方面侵害的建筑功能的记载。《周易·系辞下》曰："重门击柝，以待暴客，盖取诸豫。"柝，是打更用的木梆子。这句话的意思是："在住宅建筑中设置多重的门并敲击木梆巡逻于其间，以防备外来不速之客的侵入，从卦象而论，都取法于豫卦。"

《周易》中的"天人感应""天尊地卑""得中重时"等基本思想渗透于古代建筑观念和建筑格局。无论是都城皇宫还是百姓住宅，大凡兴工动土，都要察看地形，看是否得风水，然后择宜土避凶地。堪舆术在古时非常盛行。古代堪舆术重视察山水走势，讲究建筑物的方位、向背、排列结构，同时注重"气"，把《周易》的阴阳之气、刚柔之气与地势方位联系起来，将"气""形""势"并列为堪舆三要素，认为山气刚，川气柔，"刚柔相荡而地道立矣"。古人常把依山傍水之地作为修筑阳宅村邑房舍、阴宅墓穴的理想之处。即使在近代，也有些农村人非常看重村前村后的"风水林"，认为树林乔木同河流一样能"藏风得水",保持生机;滥伐"风水林"就会令"生气逃逸",村邑衰败,人丁不兴。

滥觞于《周易》的堪舆术,历史悠久,深入民间,它所体现的易道精神,对中国建筑风格形成起很大的范导作用。我国古代最基本的住宅是四合院,以院为中心,四周是屋舍。庭院既是采光日照通风之处,也是通道和活动的中心,整个建筑呈现封闭性、内向性,高墙深院,重重屏障。大到皇宫城池,小至平民宅邸,都大致如此。这种平面展开,以院为单位,由房舍、墙垣围成院的建筑格局,是《周易》天人感应、人神一体思想寓意的写照,是内向性思维的结果。

《周易》的阴卑阳尊思想,对古代建筑设计也有明显影响。按古人习俗,居中面阳(南)为尊,面东西者次之,面阴(北)者则显卑。在建筑设计时,特别重视位置方向,往往取背阴向阳、坐北朝南方位。古时的王宫、衙署、坛庙、佛寺都以向阳面南为正,大多数百姓民宅也都坐北朝南以显尊严,宫廷殿宇的布局严格以阳尊阴卑原则排列。

中国古代流传下来一句话,"凳不离三,门不离五,床不离七,棺不离八,桌不离九",并经常被过去的木匠挂在嘴边。这句话既体现《易经》的易数原理,也有美好寓意,老祖宗在生活中处处讲究吉利、吉祥,把追求幸福的愿望寄托在身边的一器一物上。

(1)凳不离三。寓意:和睦相处。过去的长条木凳,可以让好几个人坐在一起。长凳的长度,不能是一个整数,它的尾数要带一个"三",如二尺三、四尺三等。"三"作为数字,属于离卦,离为火,火对应五德中的"礼"。三人成"众",大家要想聚在一起,坐在一起,没有冲突,就要遵守人与人之间的礼节。

(2)门不离五。寓意:财福满门。过去的门,无论大小,长宽的尺寸要带一个"五"的尾数。"五"作为数字,属于巽卦,巽卦的方位是东南方。古人建造房屋,一般是坐北朝南,这样便于采光。只有官府的衙门才会开正南门,一般民居是偏东一些,也就是开东南门,因为古人认为巽位(东南方位）是财位，而大门是整个家宅的"气口"，这样便于吸纳财气。"门不离五"也有五福临门的意思。

（3）床不离七。寓意：生活安稳。过去的床的长宽尺寸，尾数要有"七"，如二尺七寸、三尺七、四尺五寸七等。"七"作为数字，属于艮卦，艮卦代表山，有稳定、安静的含义。床的安稳，象征生活的安稳。什么是生活安稳？就是晚上能睡得着，没有良心不安，没有对明天的忧虑，也就是俗话说的"心安稳，床安稳"，"睡不着觉，不能怨床歪"。

（4）棺不离八。寓意：积善之家有余庆。过去的木匠打棺材，不管去世的人有多高多矮，棺材一律是八尺，不能多也不能少。"八"作为数字，属于坤卦，坤卦代表大地，厚德以载物。人死了，什么都带不走，积累的财富反而会让后代好逸恶劳，带来灾祸，所以人活着不如行善积德，可给子孙带来福报。

（5）桌不离九。寓意：家庭兴旺。这里的"桌"指过去吃饭的方桌或者八仙桌，桌子的长宽高尺寸要带个"九"的尾数，如二尺九寸、三尺一寸九分、四尺八寸九分等。在《易经》中，"九"代表阳，是一个吉祥、神圣的数字，可以象征天，天分九层，就是"九天"。人在桌子上吃饭，民以食为天。一家人聚在一起，有吃有喝，衣食无忧，家庭兴旺。

中国古建筑的设计指导思想，自始至终都努力与易学的"观物取象""法天象地"原则吻合，这是"天人合一"理论在中国古建筑设计构思上的艺术运用。秦、汉以来，这种《易经》人文下的建筑设计指导思想，一直延续到现代社会。

第二节　明堂之易数

在易数思维的影响下，古代建筑特别是与帝王有关的重要建筑，都严格按照《易经》的原理及易数的要求来设计建造。

据古书记载，明堂为古人尊天崇地、敬奉祖先的重要场所，同时兼有制定政令和推行教化的功能，凡朝会、庆功、祭祀等大典均在明堂举行。

明堂

两汉及魏晋南北朝时期都建有明堂，但形制各不相同。唐太宗、唐高宗时期都考虑建明堂，唐高宗甚至下了一道诏书《定明堂规制诏》，把明堂的形制、规模以及各部分的详细尺寸都规定好，并让大臣们讨论。

从这道诏书可以看出《周易》对明堂这类礼制建筑的影响。诏书规定的明堂，其形制、尺寸都根据《周易》《尚书》《淮南子》及《汉书》等记载的天地、阴阳五行之数而设计，其中多数依据《周易》。

一、乾坤之策数

明堂每面的宽度为三百六十步，其依据是什么呢？《定明堂规制诏》说：按《周易》乾之策二百一十有六，坤之策一百四十有四，总成三百六十，故方三百六十步。

所谓乾坤之策，是指在求乾卦和坤卦两卦时所使用蓍草的根数。乾卦为六个老阳，蓍草根数为216根；坤卦为六个老阴，蓍草根数为144根，乾坤相加，共为360根。

我们再来看明堂横梁之上槛柱，共有204根，《定明堂规制诏》是这样说的：按《周易》坤之策一百四十有四，又《汉书》九会之数六十，故置二百四柱。

这里将《周易》之说与《汉书》之说结合在一起。采用坤之策，是因为坤代表大地，有厚德载物的能力。

我们还来看看明堂檐径，它为二百八十八尺，《定明堂规制诏》说：按《周易》乾之策二百一十六，《易纬》云，年有七十二候，合为二百八十八，故径二百八十八尺。所以仰叶乾策，远承贞候，顺和气而调序，拟圆盖以照临。

这里将《周易》与西汉时期阐释《周易》之作的《易纬》相结合，完成了明堂檐径尺寸的定位。

二、阴阳五行之数

明堂每面设置三个门，每门含五间房，《定明堂规制诏》说：《周易》三为阳数，二为阴数，合而为五，所以每门舍五间。

对明堂地基的形状和尺寸，《定明堂规制诏》亦有阐述：又按《周易》，三为阳数，八为阴数，三八相乘，得二百四十尺。按《汉书》九会之数有四十，合为二百八十，所以基径二百八十尺。故以交通天地之和，错综阴阳之数。以明阳不独运，资阴和以助成；阴不孤行，待阳唱而方应。阴阳两顺，天地咸亨，则百宝斯兴，九畴攸序。

这里不但用了易数，还体现了《周易》"一阴一阳之谓道"的相辅相成思想。

在《定明堂规制诏》中，运用阴阳原理来规制尺寸，运用五行原则来规范明堂高低宽窄，比比皆是。

地基正中建一堂，每面九间，每间宽一丈九尺，《定明堂规制诏》阐述其依据：按《尚书》，地有九州，故立九间。又按《周易》，阴数十，故间别一丈九尺。所以规模厚地，准则阴阳，法二气以通基，置九州于一宇。

明堂一周共有十二门，每门高一丈七尺，宽一丈三尺。《定明堂规制诏》是这样说的：按《礼记》，一岁有十二月，所以置十二门。又按《周易》，阴数十，阳数七，故高一丈七尺。又曰阳数五，阴数八，故阔一丈三尺。

明堂一周的窗户，高一丈三尺，宽一丈一尺，共二十三棂、二十四明。《定明堂规制诏》说：又按《周易》，天数一，地数十，故阔一丈一尺。又天数九，地数十，并四时成二十三，故二十三棂。又按《周易》，八纯卦之本体，合二十四爻，故有二十四明。列牖疏窗，象风候气，远周天地之数，曲准阴阳之和。

明堂中间有八根大柱，之外又有四柱，为四辅，八柱四辅外第一重有二十柱。《定明堂规制诏》说：按《周易》，天数五，地数十，并无行之数，合而为二十，故置二十柱。

明堂上面的栋梁离地基九十尺。《定明堂规制诏》阐述其依据：按《周易》，天数九，地数十，以九乘十，数当九十，故去基上面九十尺，所以上法圆清，下仪方载，契阴阳之至数，叶交泰之贞符。又以兹天九，乘于地十，象阳唱而阴和，法乾施而坤成。

三、大衍之数

明堂中间八柱，各长五十尺。《定明堂规制诏》说：按《河图》八柱承天，故置八柱。又按《周易》，"大衍之数五十有五"，故长五十五尺。耸兹八柱，承彼九间，数该大衍之规，形符立极之制。且柱为阴数，天实阳元。柱以阴气上升，天以阳和下降，固阴阳之交泰，乃天地之相承。

对堂檐高度，《定明堂规制诏》阐述如下：按《周易》，大衍之数五十有五，故去地五十五尺。所以拟大易之嘉数，通惟神之至赜，道合万象，理贯三才。

四、其他易数

明堂中心八柱之外的立柱长短规制有三等。《定明堂规制诏》说：按照《周易》，天、地、人为三才，故置柱长短三等。所以拟定三才以定位，高下相形，体万物以资生，长短兼运。

明堂共有连拱三百六十枚。《定明堂规制诏》说：按照《周易》，当期之日三百有六十，故置三百六十枚。所以叶周天之度，准当期之日。顺平分而成岁，应暑运以循环。

对明堂南北大梁二根，《定明堂规制诏》是这样说的：按照《周易》，太极生两仪，故置二大梁。轨范乾坤，模拟天地，象元黄之合德，表覆载以生成。

唐高宗的诏书颁布下去后，群臣议论纷纷，聚讼不决，直到唐高宗去世，明堂也未能建成。

唐睿宗年间，武则天操纵朝政，不听群言，自行决断，于垂拱四年（688年）正月五日在洛阳建成了中国古代体量最大、形式最奇特的一座楼阁式明堂，即洛阳明堂，被称为"万象神宫"。

数说易经的人生智慧

洛阳明堂

　　洛阳明堂有很多地方遵循了《定明堂规制诏》的要求，在外形及各种构件尺寸等方面都体现其中的易学思维。

　　唐高宗诏书中设计的明堂虽然最终没有建成，但它在建筑形制、尺寸上处处比附易数、阴阳五行数，这种做法为后世所继承。

　　清同治七年（1868年）在武昌重建的黄鹤楼，自古就有"江南三大名楼"之称。它的形制规模也屡屡比附易数，如它的楼平面明着为四方形，取法《周易》的四象，实际为八角形，取法八卦；上下明为三层，喻示《周易》所说的天、地、人三才，暗中为六层，喻示易卦六爻之数。

武汉黄鹤楼

第三节　天坛之易数

　　说到明堂，自然要讲到北京天坛，它参考了唐代洛阳明堂的部分形制而建成。

　　北京的天坛是中国现存规模最大、结构最完整的一座古代皇家祭天建筑，始建于明朝永乐十八年（1420年），至今已有六百余年历史。它坐落在北京内城之外的南面，明、清两朝皇帝每年冬至都要到这里祭天，孟春祈谷，夏至祷雨。

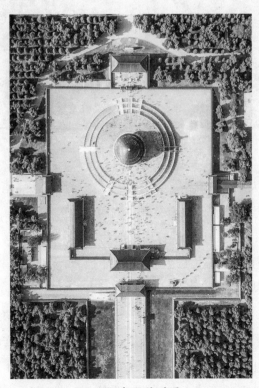

天坛祈年殿俯瞰图

天坛内的主要建筑由南至北，分别为圜丘坛、皇穹宇、祈年殿和皇乾殿等。这些建筑除外形用圆形，在"数"的使用上也多为"一""三""五""七""九"等阳数，特别是阳数中最大的数字"九"，被反复强调、运用。

圜丘坛

圜丘坛是祭天用的圆形祭坛，共分三层，每层的东、南、西、北四面各有九级台阶，每层周围都环绕有精雕细刻的汉白玉石栏杆。栏杆数均为九的倍数，上层72根，中层108根。三层坛面的直径，最上一层直径为九丈（取一九），中层直径为十五丈（取三五），下层直径为二十一丈（取三七），合起来是四十五丈，不但是九的倍数，而且有"九五之尊"的含义。各层铺设的扇面石板数，也是九或九的倍数。最上层的中心是一块圆形大理石（称作天心石或太极石），从中心石向外，第一环为九块，第二环十八块，到第九环八十一块；中层从第十环的九十块至十八环的一百六十二块；下层从第十九环的一百七十一块至二十七环的二百四十三块。三层共有三百七十八个

"九"，为三千四百零二块。

　　圆形的皇穹宇用来存放皇天上帝牌位和皇帝祖宗牌位。殿内地面亦为圆形，其中心为圆形石面，外面围绕九块扇形石头地面。皇穹宇左、右各有偏殿一座，面阔各五间。皇穹宇正殿外有三绝，那就是著名的回音壁、三音石和对话石。

皇穹宇

　　回音壁是皇穹宇圆形的围墙，只要两个人分别站在东、西配殿后，贴墙而立，一个人靠墙向北说话，无论声音大小，站在一两百米外另一端的人都能听得清清楚楚，而且声音悠长，给人一种"天人感应"的神秘气氛，所以称为"回音壁"。

　　三音石又称三才石，借用的也是《周易》天、地、人三才的说法。站在殿基须弥座前面的第一块石板上，面向殿内说话，可以听到一次回声。站在第三块石板上，可以听到三次回声，这第三块石板就称为三音石。而且如果大殿仅敞开面对三音石的这一扇殿门，且殿门到殿内正中的神龛之间也没有任何障碍物，此时听到的回音尤其响亮，有"人间偶语，天闻若雷"的感觉，因此三音石又称"天闻若雷石"，就是说人间的一言一行都将被天神洞察。人在做，天在看，这对来此祭天的皇帝和臣僚们也会有很好的警醒作用。

对话石，指皇穹宇前通道上的第18块石板。站在这块石板上可与相距36米之遥的东配殿东北角或西配殿西北角上的人对话，虽然彼此都看不见，但声音听得清清楚楚，如同两个人在打免提电话。

祈年殿是皇帝祈谷用的大殿，殿高九丈九尺，基座三层，每层九级台阶，用的都是代表天的阳数。

祈年殿

　　殿内柱子有三圈，其数目也体现了《周易》的"法天"思想。内圈四根龙井柱象征一年四季，中间十二根金柱象征一年十二个月，外圈十二根檐柱象征一天十二个时辰。中层和外层相加共二十四根，象征一年二十四节气。三圈总共二十八根，象征天上二十八星宿。再加上柱顶端的八根铜柱，总共三十六根，象征三十六天罡。

　　说完天坛的易数，还有一个地方不能不提，就是地坛。

北京地坛全景模型

　　地坛建于明嘉靖九年（1530年），位于北京内城之外的北方。因祭坛拜台周围设计有方形泽渠，故原名方泽坛，明嘉靖十三年（1534年）改名地坛。地坛是明、清两朝皇帝祭祀地神的地方，是我国现今保存最完整的祭地建筑。

在《周易》中，坤代表地，属阴，所以地坛建筑之数多采用"二""四""六""八""十"等阴数，如地坛中心建筑祭坛拜台为二层正方形，上层坛面尺寸为三十六丈（6×6），下层为一百丈（10×10），两层之间的台阶为偶数八阶。坛面则由方形石组成，上层坛面中心为三十六块（6×6）大方石，其他按八卦方位排列的五百一十二块［（8×8）×8］较小方石，下层为一千零二十四块［（8×8）×16］小方石。地坛祭台外围墙有两层。

第四节 故宫之易数

　　1420年落成的北京故宫，旧称紫禁城。命名紫禁城，是对应天上的紫微垣（天帝所居之所）。天上紫微垣居天帝，地上紫禁城居皇帝，体现了天人合一的思想。另外，紫，代表高贵祥瑞；禁，有阻、令之意；紫禁城一名，尽显皇家威严气概，以及天地人合一而尚王道的思想。

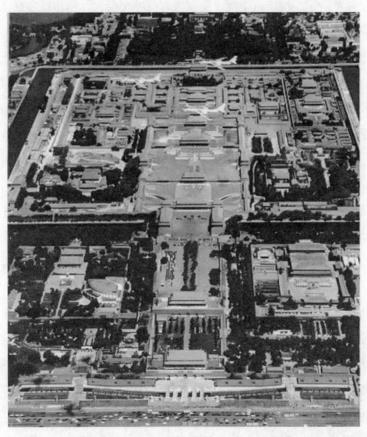

故宫全景

故宫坐北朝南，南北中轴线上主要是宫殿、宫门，供皇帝所用，嫔妃大臣则置于中轴线两旁。天安门、午门、太和门、三大殿、乾清、坤宁两宫、神武门、地安门处在同一南北轴线，轴心是太和殿。故宫的建筑结构体现了《周易》阳尊阴卑、天尊地卑的思想观念，皇帝是天、是阳，因此要置于故宫的中央，以突出皇权至高无上的地位。

乾清宫，乾，为天、为大、为君父，作为君临天下、坐拥四海的天子贵为一国之君，为万民之父母，须为政清明并替天行道。坤宁宫，坤在易卦中代表大地，代表母，代表慈祥敦厚，代表静，坤宁宫为皇后所居，皇后为国母，须沉静祥和。两宫之前的交泰殿取自泰卦。《周易·泰卦·象》曰："泰，小往而大来。"在乾清宫、坤宁宫中间设交泰殿有乾坤交会、万物和畅之意。

《周易》将奇数看作阳，偶数视为阴，天为阳，地为阴。天子替天行道，属阳，所以故宫与天子关系紧密处皆为阳。《周易·乾卦》曰："九五，飞龙在天，利见大人。"故称天子为"九五之尊"，这在故宫的设计上也得到充分体现。如太和殿、中和殿、保和殿建在故宫之南，易学中，南为火，在八卦中属离卦，为正阳，这里成了天子发号施令的政务场所。大清门、天安门、端门、午门、太和门，属于故宫五大门殿，其内建筑都用阳数。其中，太和门三门九开间，午门五阙，上覆五凤楼，端门五阙、重楼九开间，大清门正中三阙、天安门五阙、重楼九开间、深五开间等，皆用"九""五"奇数，表阳，表天子。《周易·系辞上》曰："天一、地二、天三、地四、天五、地六……"《周易·说卦》中的"叁天两地"之"叁"，为天数，三的三倍为九，因此，以九代天。

"九"为传统文化中最大的阳数，吉数。据史载，文渊阁建于第一部《四库全书》成印后，其建筑格局遵循"天一生水，地六成之"的易数，表达水克火之意。文渊阁的房屋数与紫禁城内房屋数不一样，紫禁城的房屋为奇数，而文渊阁用偶数，共六间小屋，其中有一屋较小，算作半间，如此设计，是为了保证整体建筑格局的美观。

到了明代，北京城设九门，而作为城中之城的紫禁城，用"九"处更多，以表天子阳刚威仪。比如，从高度而言，皇宫三大殿均为九丈九尺。要注意的是，表示"九"之阳，不但直接用"九"，也用"九"的倍数和余数。比如，皇宫的佛堂中佛像重八十一斤和九十二斤，宫门为"九路钉"，横竖均为九排，共八十一颗，角楼结构为九梁十八柱。除此之外，从紫禁城陈设的器物看，用"九"之处也颇多：九龙壁、九龙柱、九鼎、九龙杯、九桃壶等，着力表达皇家的至阳、至刚、至大、至成。效法天地，比拟乾坤，法与阴阳，合于数术，是易之致用的不变法则，"九"为纯阳之数，代表九五至尊，与阳天吻合。

此外，易学中，天子喻龙，皇后喻凤。紫禁城是龙的世界，龙的造型千姿百态，栩栩如生。龙作为神秘吉祥圣物，被纹饰于殿堂、桥梁、丹陛、石雕，以及帝后宝玺、服饰御用品等上，昭显皇室至尊至贵。据统计，大概有13 552条龙纹被雕刻于太和殿的大大小小各色装饰及物品之上，这里几乎是龙的世界。

故宫中许多设计都用数字"九"作单位，特别是皇帝日常生活或行使权力时所使用的东西，如外朝三大殿的高度均为九丈九尺；九龙壁壁面由270个塑块组成（含九）；皇宫的佛堂中佛像重81斤，也为"九"的倍数。

故宫的一切，都离不开"九"这个数字。这也反映了中国古代的礼制。古代儒家思想特别讲究礼制，《论语》说，礼是一种社会秩序，用来分辨社会等级的高低贵贱，也用来区分关系的亲疏远近。社会上有身份高贵和身份低下的人，这套制度规定了不同身份地位的人该按照什么样的规则生活。礼制的规定，体现在生活的各个方面。比如供奉祖先的家庙，按照《礼记》的规定：天子七庙，诸侯五庙，大夫三庙，士一庙，庶人祭于寝。从皇帝到士，地位不同，家庙的数量也不同。至于普通老百姓，不允许有家庙，自己在家供奉就可以了。祭祀也一样，《春秋公羊传·桓公二年》称："礼祭，天子九鼎，诸侯七。卿大夫五，士三。"这也是根据地位高低，逐渐递减。办丧事，《礼记》中记载："天子七日而殡，七月而葬；诸侯五日而殡，五月而葬；大夫、士、庶人三日而殡，三月而葬。"身份高贵的人，埋葬还要更费时间。《周礼》中记载，朝拜天子时，各个官员爵位不同，行的礼数也不同，穿的衣服、举的旗帜、乘坐的马车，都不一样，而且朝见的位置是宾主之间相距九十步。这套完整的礼制，把各个等级的衣食住行布置得非常清楚，所有人必须活在这套制度里，遵守这些规定。

故宫是明、清两代的皇家建筑，在明朝和清朝，各个等级的房子该修建成什么样，都有严格详细的规定。《明史》中记载：公侯前厅七间两厦九架；一品二品厅堂五间九架。清朝的《大清会典事例》也把各个等级的房子尺寸、数量说得很清楚。故宫这些和"九"有关的建筑，就是按照这种规定来的。早在春秋战国时期，古人就非常看重"九"这个数字。天地之数，始于一，终于九。一到十这十个数字，九是最大的阳数。人们常用"九"来表示最高，比如"九霄云外"。皇帝的地位至高无上，"九"又是最大的阳数，二者之间自然就有一种对应关系。中国古代的皇帝，为了表示自己的权力是上天赐予的，也总是把自己和"九"这个数字联系在一起，比如有的皇帝一年九次祭天。而在《易经》里，从下往上数，乾卦第五爻的爻辞是："九五，飞龙在天，利见大人。"其意思是：九五阳气盛至于天，所以飞龙在天，圣人有龙德而飞腾至天位。圣人、飞龙、天位指的就是皇帝，所以皇帝又经常被称为"九五之尊"。如果臣下胆敢用跟"九"有关的事物，那就是僭越，是死罪一条。和珅和年羹尧都吃过这方面的亏。

我们再来看易数在故宫门钉上的使用。有专家认为，门钉源自墨子所说的"涿弋"，长二寸，见一寸，即钉入门板一寸左右。门钉当初被用来提防敌人用火攻城，所以在涿弋上涂满了泥，起防火作用。门钉一般是铜制的，门钉的数量和排列在清朝以前未有规定。清朝则对门钉的使用有一定之规。皇家建筑，每扇门的门钉是横九路、竖九路，一共是九九八十一个钉。九是阳数之极，是阳数里最大的，象征帝王最高的地位，帝王庙是供奉历代帝王的，所以也用九路门钉。

门钉有几个作用，一是装饰，二是代表等级，三是起加固作用。最早的门钉只起加固门板的作用。由于一扇大门往往由若干块板子拼起来，时间一久就容易散开。为了避免散落，就在门板里穿上带，又怕带不结实，于是再用门钉加固。

后来门钉做得越来越整齐，横竖成行，钉子的数目也就成了等级的标志。

由于皇家建筑体量大，门也大，需要门钉的路数也多，通常皇家竖九路、横九路，亲王家七路乘九路，王府家七路乘七路，再往下就是五路乘五路。紫禁城东西南北四个门中，除南门午门开五个门，其余都开三个门，朱门上都有金黄色门钉。这一排排门钉，不仅有构造功能，也具有装饰功用，体现中国封建等级制度的森严。

在大门上装门钉，出自构造需要，在木板和穿带部位钉上铁钉是为了防止门板松散。但钉帽外露有碍美观，古人将钉帽打成泡头状，这样门钉便兼有装饰功能。隋唐以来，在大门上施用门钉便颇为流行了。

紫禁城南门（午门）、北门（神武门）、西门（西华门）都设九路门钉，即九行九列，共八十一颗门钉，独东（东华门）门是八行九列，共七十二颗门钉，为何此处用偶数（阴数）门钉而不用奇数（阳数）门钉？这至今无从详考。"九"是阳数之极，故九路门钉是体现最高等级的门钉排列。有人说东华门是"鬼门"，所以用阴数门钉。理由是，先皇帝的殡宫停放景山寿皇殿时，从东华门走，其卤簿仪仗及百官排班也在东华门。据考，清顺治、嘉庆帝的灵柩是出东华门进景山的，道光帝驾崩后，灵柩移往圆明园正大光明殿时，也是出东华门。又说，皇后神牌也由东华门迎入奉先殿，神牌属阴。然而，皇帝外出巡幸走的也是东华门，皇帝的画像、玉牒也由东华门请入。故"鬼门"一说，似有牵强，其实这是皇家的习惯，东华门既办丧也作他用。关于门钉使用的数量，明代以前无明文规定，到了清代才把门钉数量和等级制度联系起来。《大清会典》载："宫殿门庑皆崇基，上覆黄琉璃，门设金钉。""坛庙圆丘外内垣门四，皆朱扉金钉，纵横各九。"

对亲王、郡王、公侯等府第使用门钉数量有明确规定，"亲王府制，正门五间，门钉纵九横七"，"世子府制，正门五间，门钉减亲王七之二（减掉七分之二）"，"郡王、贝勒、贝子、镇国公、辅国公与世子府同"，"公门钉纵横皆七，侯以下至男递减至五五，均以铁"。清代规定，九路门钉只有宫殿可以饰用，亲王府用七路，世子府用五路。

第四章
易数与节气

二十四节气，是古代中国人通过察天观地定立的指导农事活动的补充历法，是中华民族劳动人民长期经验的积累和智慧的结晶。

《易经》与二十四节气关系密切，易数中的万物之数与二十四节气有着惊人的巧合关系，《易经》中的十二辟卦又与二十四节气形成一个完整结构。

第一节 二十四节气中的万物之数

二十四节气黄道位置的对应星座是什么？二十四节气黄道位置的寓意都有哪些？二十四节气黄道位置与时间又是怎样的？下面一起来看看吧！

所谓黄道，就是地球一年绕太阳公转一周，而从地球上看，便是太阳一年在天空中由西向东移动一圈所看到的太阳移动的路线，即地球公转轨道平面和天球相交的大圆。黄道平面和赤道平面成23°26′的夹角，相交于春分点和秋分点。

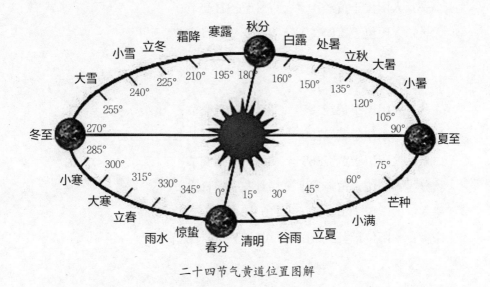

二十四节气黄道位置图解

二十四节气黄道位置与时间

1. 春季

立春：太阳位于黄经315°，2月2—5日交节；

雨水：太阳位于黄经330°，2月18—20日交节；

惊蛰：太阳位于黄经345°，3月5—7日交节；

春分：太阳位于黄经0°，3月20—22日交节；

清明：太阳位于黄经15°，4月4—6日交节；

谷雨：太阳位于黄经30°，4月19—21日交节。

2. 夏季

立夏：太阳位于黄经45°，5月5—7日交节；

小满：太阳位于黄经60°，5月20—22日交节；

芒种：太阳位于黄经75°，6月5—7日交节；

夏至：太阳位于黄经90°，6月21—22日交节；

小暑：太阳位于黄经105°，7月6—8日交节；

大暑：太阳位于黄经120°，7月22—24日交节。

3. 秋季

立秋：太阳位于黄经135°，8月7—9日交节；

处暑：太阳位于黄经150°，8月22—24日交节；

白露：太阳位于黄经165°，9月7—9日交节；

秋分：太阳位于黄经180°，9月22—24日交节；

寒露：太阳位于黄经195°，10月8—9日交节；

霜降：太阳位于黄经210°，10月23—24日交节。

4. 冬季

立冬：太阳位于黄经225°，11月7—8日交节；

小雪：太阳位于黄经240°，11月22—23日交节；

大雪：太阳位于黄经255°，12月6—8日交节；

冬至：太阳位于黄经270°，12月21—23日交节；

小寒：太阳位于黄经285°，1月5—7日交节；

大寒：太阳位于黄经300°，1月20—21日交节。

关于宇宙万物的生成和演化，我国古代有多种经典表述，例如老子的"道生一，一生二，二生三，三生万物"；周敦颐在《太极图说》中认为，"太极"是宇宙的本原，人和万物都是由阴、阳二气和金、木、水、火、土五行相互作用形成的……而在我国最古老的经典《易经》中，则用揲蓍布卦的过程来象征宇宙万物的生成，这就是大家耳熟能详的"易有太极，是生两仪，两仪生四象，四象生八卦……"（《周易·系辞上》）

《周易·系辞》还提出了"万物之数"："乾之策二百一十有六，坤之策百四十有四，凡三百有六十，当期之日。二篇之策，万有一千五百二十，当万物之数也。"上面这些数字是怎么来的？为什么"万物之数"相当于"万有一千五百二十"（11 520）呢？从筮法的角度看，策即蓍，1策即1根蓍草，古人用蓍草通过一定的方法来求卦，即揲蓍布卦。其中，"乾卦"由6个阳爻组成，每个老阳的过揲之策数是36，6个爻就有36×6=216根蓍草，此即谓"乾之策二百一十有六"；"坤卦"由6个阴爻组成，每个老阴的过揲之策数是24，6个爻就有24×6=144根蓍草，此即谓"坤之策百四十有四"。乾、坤两卦的策数加起来即216+144=360，所谓"凡三百有六十，当期之日"，意思是与一年的日数相当。

此外，《易经》分上经和下经两篇，共64个卦，每卦由6个爻组成，64个卦合计384个爻，阳爻和阴爻各占一半，各为192个爻。所以从整部《周易》来看，阳爻的策数为36×192=6912，阴爻的策数为24×192=4608；二者相加：6912+4608=11 520，此即谓"二篇之策，万有一千五百二十，当万物之数也"。这表明，"万物"是乾坤（天地、阴阳）变化发展的结果。一个此前不太为人所知却很有意思的现象是，作为中华古老文化重要组成部分之一的二十四节气，竟隐含着上述"万物之数"——11 520。我们都知道，地球绕太阳运转一周约365天5时48分46秒。在地球上的人看来，地球的公转表现为"太阳周年视运动"，其运行线路称为"黄道"。黄道上的度量坐标（经度）就称为"黄经"。按天文学惯例，以春分点为起点自西向东度量，黄道分360°，我国古人把太阳黄经的360°划分成24等份，每份15°，为一个节气。两个节气间相隔15天左右，全年即有二十四节气。

下面，我们用立春的黄经度数315乘以64（《周易》共64个卦），即315×64=20 160，再用立秋的黄经度数135乘以64，即135×64=8640，所得结果用大数减去小数：20 160-8640=11 520，正是《周易·系辞》中的"万物之数"！实际上，我们只要用相隔180°的两个节气的黄经度数，分别乘以64，所得结果用大数减去小数，差值都为11 520。再举个例子：夏至和冬至相隔180°，夏至的黄经度数90×64=5760，冬至的黄经度数270×64=17 280，17 280-5760=11 520。

二十四节气中隐含《易经》的"万物之数"，这是必然还是巧合呢？

在《易经》中，11 520是神秘的万物之数。中国人历来重视万数，而非千数。我们说"万事万物"，不说"千事万物"。万物之数无所不包，一切有生命和无生命的事物都包括在内。但是，在上古时代，伏羲、文王、孔子三位圣人把"万物之数"看成是具体的自然之数，而不是我们所说的模模糊糊的数。

在这个图上，依十二地支的次序，一个月一个月过去，最后到亥月，即夏历历十月，在卦上为坤卦，是纯阴的境界，不过十月有一个小阳春，阴极则阳生，这时有几天气温要回升。诸葛亮借东风，就是利用这个气候特点。曹操当时敢于把战船合并起来，因为他识天文，知道气候的变化，把战船合并起来，唯一的缺点是怕火攻，但自己的水上阵地在长江上游，是西北方的位置，东吴的战船在下游，处于东南方，时间正是冬天，吹的是西北风，东吴不能用火攻。诸葛亮、周瑜也知道可以用火攻，可是周瑜愁于没有东南风可助，于是诸葛亮借东风。这完全是诸葛亮玩的花样，东风哪里是他借来的，真正原因是诸葛亮懂得《易经》，知晓天文，在某一个气候的前三天和后三天，会转东南风。他算准了这个日子，所以装模作样借东风，展开攻势，打败了曹操。曹操失败以后，回到洛阳，翻开《易经》一看，不禁哈哈大笑。他的部下感到奇怪，问他这一仗败得如此惨，还有什么可笑的？曹操说我花了那么大的代价，今日才读懂了这一段《易经》，那就是十月天的气候变化。

第二节　二十四节气中的十二辟卦数

十二辟卦，也叫十二消息卦，是周易学说中的重要理论。"辟"是君主的意思，这里取其"主宰"之义。用十二个卦配十二个月，每一个卦为一个月之主宰，就是"十二辟卦"。消息，不是现代人所熟悉的意思，而是指循环往复。从无到有，从少到多叫"息"；由多到少，由有到无叫"消"。息有"来"的意思，消有"去"的意思。我们在银行存款会有利息，以钱"生"钱，生生不息；对于敌人，我们要"消灭"，哪里发炎了，要"消炎"。

对于十二辟卦来说，站在阳爻的立场看，阳爻代表阳气。从冬到夏，阳气生发为"息"；由夏到冬，阳气渐衰（阴气渐盛）为"消"。一年中阴阳二气的这两个转折点对应冬至和夏至，也是物极必反的道理。冬至是阴气最重的时候，也是阳气开始生发的时刻；夏至是阳气最旺的时候，紧接着就有阴气产生。

丰卦

"消息"一词最早出现于《易经·丰卦·彖》："日中则昃，月盈则食，天地盈虚，与时消息，而况于人乎？况于鬼神乎？"昃，太阳偏西。食，蚀也，亏也。消息，犹消长也，就是随着时间此消彼长，此起彼伏。这段话是说，太阳到了中午就要逐渐西斜，月亮圆了就要逐渐亏缺，天地间的事物，或丰盈或虚弱，都随着时间的推移而变化，有时消减，有时滋长。何况人，他的事业怎能长盛不衰？鬼神恐怕亦是如此。由此可见，中国古代把客观世界的变化，把它们的发生、发展和结局，把它们的枯荣、聚散、沉浮、升降、兴衰、动静、得失等变化中的事实称为"消息"。这是"消息"的真正含义，只是到了近代才逐渐成为一种固定的新闻体裁，所以"消息"又叫新闻。

十二消息卦分为两组，一组是阳爻由下而上，如复卦、临卦、泰卦、大壮卦、夬卦、乾卦；另一组为阴爻由下而上，如姤卦、遁卦、否卦、观卦、剥卦、坤卦。消息卦之外的52个卦，大部分在谈到卦变（一卦如何变成）时，都会参考消息卦的资料。《归藏易》中的说法是：子复、丑临、寅泰、卯大壮、辰夬、巳乾、午姤、未遁、申否、酉观、戌剥、亥坤。十二消息卦与夏历（农历）对照，依次为：复为十一月，临为十二月，泰为一月，大壮为二月，夬为三月，乾为四月，姤为五月，遁为六月，否为七月，观为八月，剥为九月，坤为十月。

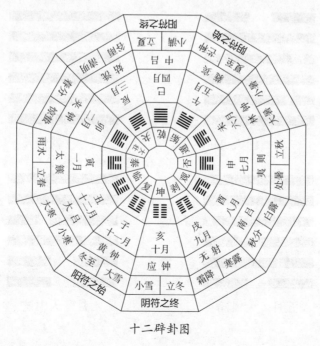

十二辟卦图

十二消息卦：

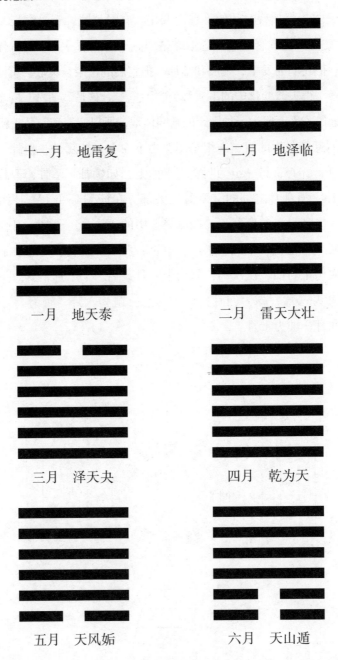

十一月　地雷复　　　　　十二月　地泽临

一月　地天泰　　　　　二月　雷天大壮

三月　泽天夬　　　　　四月　乾为天

五月　天风姤　　　　　六月　天山遁

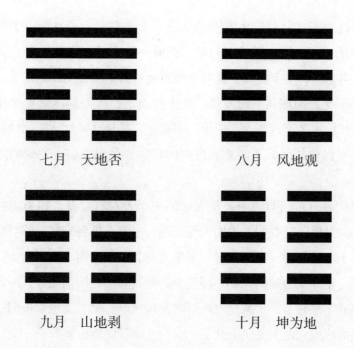

七月　天地否　　　　　　　八月　风地观

九月　山地剥　　　　　　　十月　坤为地

一年有十二个月，这些分别可对应"子丑寅卯辰巳午未申酉戌亥"，即十二地支，如下图所示，具体分析如下：

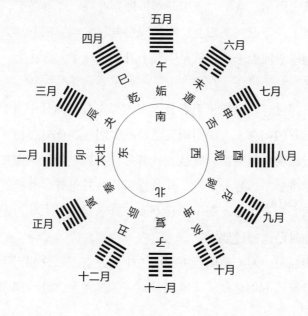

复卦代表子月，对应大雪至冬至的三十天左右。子月相当于农历十一月。复卦是五阴一阳，阳爻居初位，此时一阳来复，阳气始升，将会打开新局。大雪是节，冬至是气。这对应地雷复卦，上面五爻都是阴爻，只有下面一爻是阳爻；阳能在下面发动，地下打雷了，太阳的能量被地球慢慢吸收，复卦开始。冬至这个"一阳生"不是生，是地球吸收太阳的热能储存于地下，冬至以前热能处于收缩到极点的状态，冬至来临，地球的热能慢慢上升。

临卦代表丑月，对应小寒至大寒的三十天左右。丑月相当于农历十二月。临卦的卦象已有二阳，说明天气虽冷，但春天即将来临。临卦卦辞说："……至于八月有凶。"为何说"至于八月有凶"？因为临卦为十二月，经过八个月，正好成为临的综卦，即观卦，并且显然是阳消阴长，所以说"有凶"。此月小寒是节，大寒是气。卦名是地泽临，第二爻也变成阳，这表示地球储藏的热能从地下又向上升了一点，"临"就是快要来了。

泰卦代表寅月，对应立春至雨水的三十天左右。寅月相当于农历一月（夏历正月）。泰卦的卦象为三阳在下，说明春天开始了，万物就要复苏，新的生命要破土而出，成语"三阳开泰"即是此意。立春是节，雨水是气。这时候卦象变了，下面三个阳爻，叫地天泰卦，又叫三阳开泰。此时，地球的热能上升到地平面上来，也就是阳气上升到地面了。地在上，天在下，所以叫"地天泰"。

大壮代表卯月，对应惊蛰至春分的三十天左右。卯月相当于农历二月。大壮卦六爻已有四阳在下，说明阳气已经战胜阴气，此时万物开始活动，草木生长发芽，动物开始繁衍。并且大壮卦是"上震下乾"，雷在天上，天上始有雷声。惊蛰是节，春分是气。外卦是雷，内卦是乾，外卦的阴爻第一爻变阳，只有两个阴在上面，四个阳在下面，卦名是雷天大壮。阳气由地下一路升上来，此时已经超过地面。

夬卦代表辰月，对应清明至谷雨的三十天左右。辰月相当于农历三月。夬卦六爻已经呈现五阳之象，天地间只有一阴气残余，此时期阳气充足。正如人们所说，阳春三月，草长莺飞，正是踏青郊游好时光。清明是节，谷雨是气。这时阳气上升，五爻都是阳，只有最上面一爻是阴，卦名是泽天夬。夬是有一些缺点的意思，因为阳虽多，却仍有一阴。

乾卦代表巳月，对应立夏至小满的三十天左右。巳月相当于农历四月。此时卦象六爻纯阳，天气已没有一丝寒意，人们可以穿单衣，正是草木茂盛时节。立夏是节，小满是气，这一时期对应的是乾卦，阳气升到了最高，地球释放的阳气升到了极点。

此时半年过完，故称六阳上半年。姤卦代表午月，对应芒种至夏至的三十天左右。午月相当于农历五月。姤卦卦象底部出现一阴爻，天地之气阳极阴生，说明由于温度过高，出现潮湿天气。芒种是节，夏至是气，这时对应天风姤卦。"夏至一阴生"，阴起来了。太阳开始向南，能量在北半球渐减，这就是阴生。

遁卦代表未月，对应小暑至大暑的三十天左右。未月相当于农历六月。遁卦卦象底部已有两个阴爻，阳动阴藏，有些农作物已经成熟。天气因阴气的加重更加闷热潮湿，人和动物躲藏起来，以避暑气。遁即躲避，也告诉人们要学会躲藏以生存。小暑是节，大暑是气。二阴已生，卦名叫天山遁。外卦是天，是纯阳，内卦是是节山，二阴，表明内在的阴气慢慢盛起来。

否卦代表申月，对应立秋至处暑的三十天左右。申月相当于农历七月。否卦卦象已有三个阴爻在下，正所谓泰极否来。此时阴气已经变得很强盛，也就是说，天气虽然很热，但还是容易着凉。多事之秋意即如此。此时需要祈福消灾，七月十五为中元节，民间俗称"鬼节"，人们会在此时祭拜祖先，以求庇佑，同时由此领悟，要收敛修德以避开灾难，以求吉祥。立秋是节，处暑是气。卦名是天地否，就是立秋之后处处有阴气。否的对面是地天泰。

观卦代表酉月，对应白露至秋分的三十天左右。酉月相当于农历八月。观卦卦象已有四个阴爻，说明天气渐冷，秋风萧瑟，农作物的生命已到尽头，丰收成熟。而仲秋美景也开始呈现，明月当空，中秋佳节，合家团聚，正是观赏好时节。古时有"二八之月，奔者不禁"之说法，正是观玩之意。白露是节，秋分是气。内在阴气更进一层，四爻都是阴，上面只剩两爻是阳，卦名是风地观。外卦是巽卦，巽为风；内卦是坤卦，坤为地。

剥卦代表戌月，对应寒露至霜降的三十天左右。戌月相当于农历九月。剥卦卦象已有五个阴爻，仅一阳爻在上，说明阴气强盛，连一点余阳都要排挤掉。此时万物凋零，落叶纷飞，天地间生气被剥夺。寒露是节，霜降是气，这时对应山地剥卦。这时阴气被剥削得只剩上面一点阳气。

坤卦代表亥月，对应立冬至小雪的三十天左右。亥月相当于农历十月。坤卦卦象六爻纯阴，阴气最盛，此时万物隐藏起来，动物开始进入冬眠时期，但是阴中有阳，下半年贮存在地面下的热量还有一些盈余，所以在坤卦当令的十月也会有两三天风和日丽、温暖舒适的"小阳春"天气，这就是"十月小阳春"的来历。立冬是节，小雪是气，这时对应纯阴的坤卦。十月在阴历来讲是立冬，又叫小阳春。每年在北方，冷的时候一定有三天左右会稍稍变暖，虽然不像春天那样暖。冬天吹西北风，但是可以在十月小阳春这三天当中转吹东南风，东南风一吹就转暖了，诸葛亮借东风的例子，在前文已介绍过。

十二辟卦	泰卦	大壮卦	夬卦	乾卦	姤卦	遁卦	否卦	观卦	剥卦	坤卦	复卦	临卦
十二地支月	寅月	卯月	辰月	巳月	午月	未月	申月	酉月	戌月	亥月	子月	丑月
对应农历月	一月	二月	三月	四月	五月	六月	七月	八月	九月	十月	十一月	十二月
对应节气	立春雨水	惊蛰春分	清明谷雨	立夏小满	芒种夏至	小暑大暑	立秋处暑	白露秋分	寒露霜降	立冬小雪	大雪冬至	小寒大寒

第三节　七十二候之数

一年有十二个月，五天为一候，三候为一气，六候就是一节。一年有七十二候，每个月有一个气、一个节，一年有十二个节、十二个气，合起来共二十四个节气。

一年有七十二候，十二辟卦（十二消息卦）有七十二爻，人们又常用七十二变来形容变化多端。其实，七十二变与七十二候是相对应的。七十二候中，每一候都与一个物候现象相应，叫"候应"，也就是变化。下面，本文尝试将十二消息卦中的七十二爻与七十二候对应，来看看十二消息卦在七十二候中是如何变卦的。通过这种变化，揭示"爻变"与"候应"之间的内在关系。

1. 立春

"立"有开始的意思，所对应的是十二消息中的泰卦。泰卦为异卦相叠，乾下坤上。泰卦表示天地交而二气通。本卦上为坤，为地，属阴气；下卦为乾，为天，属阳气。阴气凝重而下沉，阳气清明而上升，阴阳交感，万物纷纭，故名泰。

泰卦

立春三候分别对应泰卦的初九、九二、九三爻。

第一候，东风解冻。对应泰卦的初爻，初爻变，阳爻变阴爻，演变成地风升卦。升卦，上坤下巽，坤为地，巽为风。升，有上升、上进之意。

地下春风和煦，吹拂万物，万物沐浴着春风，大地一片生机勃勃。尽管春风还在地下，略显柔弱，但已呈现上升趋势，送来新一年的气息。

升卦

第二候，蛰虫始振。对应泰卦的九二爻，九二变爻，阳爻变阴爻，演变成地火明夷卦。

明夷卦，上为坤，坤为地，下为离，离为火。明夷有受损伤、受遮蔽之意，表示春天到来，地下之火在冲破遮蔽，温暖在升腾。大地的环境逐渐变得温和，蛰伏的各种昆虫纷纷出动，不再惧怕寒冬的风雪侵蚀，不再担忧断吃断喝的风险。昆虫们经受了一个冬天的残酷考验，迎来盼望已久的春天。

明夷卦

第三候，鱼陟负冰。对应泰卦的九三爻，九三变爻，阳爻变阴爻，演变成地泽临卦。

临卦，上坤下兑，坤为地，兑为泽。临卦表示虽然春天已来临，但四个阴爻在阻挡阳气的上升，春寒料峭。坚冰尚未消融，鱼儿只能游在上层较为温暖的水里，仿佛背负着冰块在水里游动。

临卦

2. 雨水

顾名思义，雨水是春寒多雨水的意思。所对应的同样是十二消息卦中的泰卦。

雨水三候分别对应泰卦的六四爻、六五爻和上六爻。

第一候，獭祭鱼。对应泰卦六四爻，六四变爻，阴爻变阳爻，演变成雷天大壮卦。

大壮卦有阳盛之势。鱼儿在上层水面游动，为水獭觅食储备能量提供了良好的条件。水獭在岸边展示捕获成果，看似先祭拜一番，再食用。这一变爻还喻示天上有雷，打雷下雨，有风调雨顺之意。

第二候，候雁北。对应泰卦的六五爻，六五变爻，演变成水天需卦。

大壮卦

需卦，上坎下乾，坎为水，乾为天。需，等待之意。需卦表示水在天上，大地在等待雨水的降落。大雁离开过冬的南方，准备向北飞去。需卦喻示大雁虽有返回故乡的强烈愿望，也需要等待最佳时机，一飞冲天。

第三候，草本萌动。对应泰卦的上六爻，上六变爻，阴爻变阳爻，演变成山天大畜卦。

需卦

大畜卦，上艮下乾，艮为山，乾为天。大畜，有蓄聚、蓄养之意。大地上的一草一木已感知到阴阳交感、万物生长的时机，草木在默默积蓄养分的力量，纷纷萌芽生长。

大畜卦

3. 惊蛰

惊蛰表示春雷初响，惊醒了仍在蛰伏的万物，对应的是十二消息卦的大壮卦。

大壮卦在前面雨水第一候已经出现过，在这里再次出现，表示春天的脚步不可阻挡。天上鸣雷，声威显赫。本卦阳气盛壮，万物生长。

惊蛰三候分别对应大壮卦的初九爻、九二爻、九三爻。

第一候，桃始华。对应大壮卦的初九爻，初九变爻，演变成雷风恒卦。

大壮卦

恒卦，上震下巽，震为雷，巽为风。恒，长久也。春雷一响，自然界季节规律已不可逆转，风雷激荡，万物蓄势待发。桃花的花芽在严冬时蛰伏，随着一声春雷，唤醒了沉睡的花芽，开始绽放粉红的花朵。

恒卦

第二候，仓庚鸣。对应大壮卦的九二爻，九二变爻，演变成雷火丰卦。

丰卦上震下离，震为雷，离为火。丰卦表示丰盛硕大，亨通无阻。电闪雷鸣，是上天垂示的重大天象，黄鹂鸟（仓庚）于此时振翅高飞，一鸣惊人，宣告春天已到人间。

第三候，鹰化为鸠。对应大壮卦的九三爻，九三变爻，演变成雷泽归妹卦。

归妹卦以男女之间的爱情告诫人们，如果时机选择不当，就会造成祸患。初春之时，倒春寒时有发生，要时刻保持警惕，以防不测，老鹰飞返北方繁殖，已经不见迹影，只有斑鸠或布谷飞来。同时也要防备寒潮来袭。

丰卦

归妹卦

4. 春分

春分表示季节来到春天的正中间，这一天昼夜等长。它对应的是十二消息卦中的大壮卦。大壮卦的寓意，前面已有叙述。

春分三候分别对应大壮卦的九四爻、六五爻和上六爻。

第一候，玄鸟至。对应大壮卦的九四爻，九四变爻，演变成地天泰卦。

泰卦的基本寓意，前面已有叙述，在此不再重复。值得一提的是，春分第一候展示的泰卦，其卦象更加形象地体现春分节气的特征，阴阳完全一样多，不偏不倚，正如《礼记》中说的"日夜分"。

燕子（玄鸟）是春分来、秋分去的候鸟。它飞

大壮卦

泰卦

到屋檐下筑巢，开始准备哺育下一代，代表吉祥之光，正应泰卦之意。

第二候，雷乃发声。对应大壮卦的九五爻，九五变爻，演变成泽天夬卦。

夬卦

夬卦，上兑下乾，五个阳爻一个阴爻，夬，决也，阳决阴也。夬卦阐述消除邪念的原则，本候中夬卦用五个阳爻来消除冬天的寒气。雷声隆隆，延续着春天的气息，雷声冲破阴云的笼罩，坚决、毫不犹豫地将春天抛撒到人间。

第三候，始电。对应大壮卦的上六爻，上六变爻，演变成火天大有卦。

大有卦

大有卦，乾下离上，卦象为火在天上，无所不照。乾为天，离为火，火为光，光照天下，万物生长，春意盎然的景象更加显现。本候大有卦延续了上一候夬卦的原则，五个阳爻将一个阴爻包围起来，体现出消除邪气的决心，将泽水化为火，化为光，化为电，电闪则雷鸣。一个阴爻独居尊位，五阳应之，大能所有。

5. 清明

清明兼具自然与人文两大内涵，既是二十四节气之一，也是传统祭祀节日。它对应的是十二消息卦的夬卦。夬卦表示阳决阴，刚决柔，遇险而解，有决断之意。

清明三候分别对应夬卦的初九爻、九二爻和九三爻。

第一候，桐始华。对应夬卦的初九爻，初九变爻，阳爻变阴爻，演变成泽风大过卦。

夬卦

大过卦，上兑下巽，兑为泽，巽为风，阳盛而阴柔，中壮而端弱。春季进入清明时节，就进入春天的末端。春天播下的种子，还在发芽生长，由于中壮而端弱，有拆毁之象，所以要格外小心培育。正是在这时，桐树花开，白花满山盛放。

第二候，田鼠化驾。对应夬卦的九二爻，九二变爻，阳爻变阴爻，演变成泽火革卦。

革，变革也。革卦，上兑下离，兑为泽，离为火。火燃则水干，水盛则不灭，这是水火相息之象。在这一候中，要注重阴阳平衡。自然界调节、变革的能力，随季节而自动展现出来。既要下雨来滋润万物，又要阳光来壮大万物。田鼠因烈之气渐盛而躲回洞穴避暑，喜爱阳气的驾鸟（鹌鹑类的小鸟）则开始出来活动。

第三候，虹始现。对应夬卦的九三爻，九三变爻，阳爻变阴爻，演变成兑卦。

兑卦，兑上兑下，兑为泽，两兑相叠，有两泽相连、两水交流之象。兑为泽，体现"清明时节雨纷纷"的景象。泽中的水可以滋润万物，使万物喜悦，也是悦的象征。泽水不是洪水，更不是狂风暴雨，而是涓涓细雨，知时节而下，随风飘洒，滋润万物，又不动声色。天空中出现的彩虹，更衬托出春天的和煦景象。

大过卦

革卦

兑卦

6. 谷雨

顾名思义，谷雨是雨生百谷、春雨可贵的意思，对应十二消息卦的夬卦。夬卦的寓意，前面已有叙述。

谷雨三候分别对应夬卦的九四爻、九五爻和上六爻。

夬卦

第一候，萍始生。对应夬卦的九四爻，九四变爻，阳爻变阴爻，演变成水天需卦。

需卦，上坎下乾，坎为水，乾为天。这一卦的卦象为天上有水，伺机而下。春季最后一个节气，对谷物的生长有关键作用，既需要乾天的纯刚和果断，又需要坎水的温柔和耐心。此时浮萍随着雨水丰沛，大量繁殖，飘浮而生。

第二候，鸣鸠拂羽。对应夬卦的九五爻，九五变爻，阳爻变阴爻，演变成大壮卦。

大壮卦，上震下乾，震为雷，乾为天。天上鸣雷，声威显赫。这一候变爻得到的大壮卦，又与惊蛰、春分两个节气的消息卦重复，更加显示春天催生万物的强大能量。谷雨节气是春季的最后守护者，斑鸠飞来，不仅鸣叫，更拍动羽翼四处飞翔，提醒人们不忘农时。

第三候，戴胜降于桑。对应夬卦的上六爻，上六变爻，阴爻变阳爻，演变成乾卦。

乾为天，意为健。乾在六十四卦中为第一卦，是领头的卦。乾卦为纯阳卦，"元亨利贞"四个字高度概括了它的特性。它象征无穷的生命力，天光舒展，天下和谐顺利。在春季即将结束之时，乾卦的出现预示这一年有春天打下的基础，一定能实现春华秋实。戴胜（一种小鸟）在这个时节，也飞到农家桑树上尽情歌唱。

需卦

大壮卦

乾卦

7. 立夏

夏季开始，进入阳气最盛的时期，立夏对应的是十二消息卦中的乾卦。乾卦是气势磅礴的纯阳之卦，展示天行健的气概。

立夏三候分别对应乾卦的初九爻、九二爻和九三爻。

第一候，蝼蝈鸣。对应乾卦初九爻，初九变爻，阳爻变阴爻，演变成天风姤卦。

姤卦，上乾下巽。乾为天，巽为风。姤，有相遇之意。天下有风，吹拂万物。姤卦上乾与上个节气谷雨第三候所对应的乾卦相遇，姤卦下巽中的阴爻，努力在中和纯阳爻的亢进，阴阳交遇，万物盛壮。蝼蝈（小虫）也感应到微弱阴气而鸣叫。

第二候，蚯蚓出。对应乾卦的九二爻，九二变爻，阳爻变阴爻，演变成天火同人卦。

同人卦，上乾下离。乾为天，离为火。同人，有志同道合之意。本来上乾已呈天行健之势，下离又增添明丽之象，夏季的到来已不可阻挡，只有顺应大势，同心同德，才能促使万物生长。天下有火的卦象，也预示着盛夏的到来，提醒我们要做好度过酷暑的准备。蚯蚓也感应到阳气渐盛而群起出土。

第三候，王瓜生。对应乾卦九三爻，九三变爻，阳爻变阴爻，演变成天泽履卦。

履卦，上乾下兑，乾为天，兑为泽。上有天，下有泽，符合自然规律，也是万物生长的需要，许多在初夏生长的植物，抓住时机，完成生长的过程，从而体现履卦践行的原则。主要生长于华北的药用爬藤植物王瓜，在立夏时节快速攀爬生长，不负天下有泽的时机。履卦还告诉我们，在天下有泽、万物享受初夏恩惠的时候，要有危机意识，倍加小心地呵护农作物。

乾卦

姤卦

同人卦

履卦

8. 小满

顾名思义，小满是还不到最满的时候，对应的也是十二消息卦中的乾卦。小满三候分别对应乾卦的九四爻、九五爻和九六爻。

第一候，苦菜秀。对应乾卦的九四爻，九四变爻，阳爻变阴爻，演变成风天小畜卦。

小畜卦，上巽下乾，巽为风，乾为天，有和风满天之象。在小满时节，谷物果实逐渐丰满，天上的和风更加有利于谷物生长，使之呈现丰收在即的景象。小畜卦，卦象为五阳围一阴，一爻未变阳，故为小满，不是全满或大满。作为野菜的苦菜，此时已经枝繁叶茂，可供采食。

第二候，靡草死。对应乾卦九五爻，九五变爻，阳爻变阴爻，演变成火天大有卦。

大有卦，上离下乾，离为火，乾为天。火在天上，无所不照，群观并应，大能所有。上一候所对应的是小畜卦，小畜之后，积少成多，必有大的收获。

一些枝细叶软在阴冷潮湿季节生长的植物，受不了夏阳的火气，都枯死了。

第三候，麦秋至。对应乾卦上九爻，上九变爻，阳爻变阴爻，演变成泽天夬卦。

夬卦，上兑下乾，夬，决也，阳决阴也。天上之水滋润着夏收作物，使原来已盈满但未熟的麦粒达到成熟。阳决阴，阳者胜利，冬小麦在阳气的熏陶下丰收在望，宛如秋天的收获季节。夬卦清除邪恶的原则，表示由冬到春的阴气在初夏将得到消除，自然界将呈现一个阳气升腾、万物生化的景象。

乾卦

小畜卦

大有卦

夬卦

9. 芒种

芒种的含义是有芒之谷类作物可种，过此即失效，对应十二消息卦的姤卦。姤卦上乾下巽，乾为天，巽为风。姤卦阐释防范邪恶的原则。

芒种三候分别对应姤卦的初六爻、九二爻和九三爻。

第一候，螳螂生。对应姤卦的初六爻，初六变爻，阴爻变阴爻，演变成乾卦。

乾卦，上乾下乾。乾为天，这是一个纯阳卦。阳光普照，阳气升腾，有利于有芒之谷类作物的栽种，种子入土，躺进大地柔顺的怀抱，灿烂的阳光形成刚健的阳气，促使种子生根发芽、苗壮成长。螳螂于去年深秋产的卵，因感受到渐强的阳气而破壳而出。

第二候，鵙始鸣。对应姤卦的九二爻，九二变爻，演变成天山遁卦。

遁卦，上乾下艮，乾为天，艮为山。遁，退避、躲避的意思。前面节气中所对应的卦，几乎都是促使万物生化、发展向前的。遁卦出现在盛夏之时，充分体现了《易经》的忧患意识，提醒我们要对农作物小心培育，注意防范潜在的风险，遁卦卦象为天下有山，天高山远，要求我们既要适当低调，又要放眼观物，迎接金秋的到来。

鵙（伯劳鸟）感受到阴气而开始鸣叫。

第三候，反舌无声。对应姤卦九三爻，九三变爻，阳爻变阴爻，演变成天水讼卦。

讼卦，上乾下坎。乾为天，坎为水。讼指的是争讼、争执。季节来到芒种的第三候，对应姤卦变爻

姤卦

乾卦

遁卦

讼卦

后成讼卦，天下有水本是大自然应有之义，但下卦坎有险阻之义，前面第二候"鵙始鸣"已告诫我们要增强忧患意识，本候再次提醒我们看护好农作物，避免出现争讼之事，这样才能获得金秋的丰收。

能够学习其他鸟叫的反舌鸟，却因感应到了阴气的出现而停止了鸣叫。

10. 夏至

夏至表示阳极之至，白昼时间达到全年最长，也对应十二消息卦的姤卦。

夏至三候分别对应姤卦的九四爻、九五爻和上九爻。

第一候，鹿角解。对应九四爻，九四变爻，阳爻变阴爻，演变成巽卦。

巽卦，上巽下巽，巽为风，巽有进入之义。巽卦是阴卦，是一阴爻顺从二阳爻，阴顺阳是自然的道理。盛阳覆盖其上，而阴气始起于下，喜阴的生物开始滋生，而喜阳的生物逐渐衰弱。鹿角有艮象，是属阳性的山兽，因阳气已盛极而衰，鹿角就开始脱落。

第二候，蜩始鸣。对应姤卦的九五爻，九五变爻，演变成火风鼎卦。

鼎卦，上离下巽。离为火，巽为风。鼎，古代烹饪器具，又演变为祭祀之物，也是权力的象征。夏至为阳气最盛之时，本候又处于夏至之居中位置，阳气盛之又盛，或许"鼎盛"之词就来源于此。对农作物来说，此时是一年中最后一次强盛阳光雨露的滋润。此时蜩（知了）开始鸣叫，这是夏天最典型的声音。

第三候，半夏生。对应姤卦的上九爻，上九变爻，阳爻变阴爻，演变成泽风大过卦。

姤卦

巽卦

鼎卦

大过卦，上兑下巽，兑为泽，巽为风。大过卦的卦象为四阳被二阴紧夹、包围，预示夏至过后阴气逐渐上升，阳气在衰败。表面上看，阳气还是很强大，但其实已是强弩之末，难以再观盛气之势。农作物将吸收到的阳气默默化为果实。作为药草的半夏应季而生长，其因夏日之半生长而得名。

大过卦

11. 小暑

小暑，就是暑气尚未极致，对应十二消息卦的遁卦。遁卦上乾下艮，乾为天，艮为山，遁，即逃遁的意思。

小暑三候分别对应遁卦的初六爻、六二爻和九三爻。

第一候，温风至。对应遁卦的初六爻，初六变爻，阴爻变阳爻，演变成天火同人卦。

同人卦，上乾下离，乾为天，离为火，有天下光明普照之意。从小暑开始，夏季进入后程，阳气已经在消退，但地底的暑气慢慢散发出来，形成温风，使人感到热气逼人。此时农作物在温风的吹拂下，果实更加饱满、壮实。

第二候，蟋蟀居壁。对应遁卦的六二爻，六二变卦，阴爻变阳爻，演变成天风姤卦。

姤卦，上乾下巽，乾为天，巽为风，有相遇之义。天上的阳气在减退，地下的暑气在上升，阴阳相遇，相得益彰。同时要注意防范气候变化，特别是农作物已呈硕果累累之态，更要加强管理，以免功亏一篑。蟋蟀此时也感觉到气候变化，开始从田野逐渐进入庭院。

遁卦

同人卦

姤卦

第三候，鹰始鸷。对应遁卦的九三爻，九三变卦，阳爻变阴爻，演变成天地否卦。

否卦，上乾下坤，乾为天，坤为地。否卦卦象表现为阳气上升，阴气下沉，阴阳互不交遇，故为否。遇到这种情况，只要想方设法破解困局，坚持到底，就一定会否极泰来。否卦是泰卦的错卦，即泰卦的六爻全部阴阳变换，成为否卦；否卦是泰卦的综卦，即泰卦上下颠倒为否卦。万物到了极致，就会向相反的方向转化，这就是否极泰来，或泰极而否。此时，老鹰带领幼鹰，开始学习飞行博杀猎食的技术。

否卦

12. 大暑

大暑，是指一年当中最热的日子，对应十二消息卦的遁卦。

大暑三候分别对应遁卦的九四爻、九五爻和上九爻。

第一候，腐草为萤。对应遁卦九四爻，九四变爻，阳爻变明爻，演变成风山渐卦。

渐卦，上巽下艮，巽为风，艮为山。渐卦有渐进的意思。表面上看，大暑是一年中最热的日子，但地上的阳气渐衰，阴气在渐渐变强。渐卦卦象，风拂于山而受阻。风碰到了艮，艮既为山，也为止，所以风止住了。这种变化人们轻易感受不到，只有萤火虫在水边的腐草中孵化而出，在大自然中展示最火的热情，仿佛要告诉人们白昼热得似火，夜晚也不例外。

第二候，土润溽暑。对应遁卦九五爻，九五变爻，阳爻变成阴爻，演变成火山旅卦。

旅卦，上离下艮，离为火，艮为山。旅卦与丰卦是综卦，过于盛大，容易迷失，将失去寄身之地，故

遁卦

渐卦

受之以旅，旅行四方。旅卦也暗喻农作物的果实，也将会有一次复杂的旅行过程，因为即将到来的秋收，开启了果实的旅行之门。此时土壤内湿气潮润，天气也湿热难耐，令人浑身汗水外浸，就是现在人们所说的三伏天。

第三候，大雨时行。对应遁卦上九爻，上九变卦，阳爻变阴爻，演变成泽山咸卦。

咸卦，上兑下艮，兑为泽，艮为山。兑为阴为柔，艮为阳为刚，咸卦有亨通男女慕悦之义。而作为季节所对应的卦，又有大地和谐、顺通之义。因为每当到这个季节，常在午后降下大雨，好像要浇灭如火的热浪，可以稍稍消减暑气。大雨时刻，也预示着夏季即将过去，迎来金色的秋天。

旅卦

咸卦

13. 立秋

秋季开始，夏去秋来，禾谷成熟，是收获的季节，立秋对应的是十二消息卦的否卦。

否卦结构正好与泰卦相反，卦象显示，阳气上升，阴气下沉，互不相通，天地阻塞。此卦表示到了收获的季节更要增强忧患意识和危机意识，应想方设法去消除影响收成的因素，实现否极泰来。

立秋三候分别对应否卦的初六爻、六二爻和六三爻。

第一候，凉风至。对应否卦的初六爻，初六变爻，阴爻变阳爻，演变成天雷无妄卦。

无妄卦，上乾下震，乾为天，震为雷，震为动。在上天的护佑下，可适当地行动，但又不可乱

否卦

无妄卦

动。果实已逐渐到成熟采摘期，要区分哪些能收获，哪些还不能收获，要顺应天时，不可妄为。经过大暑的大雨，暑气渐消，一阵阵凉风吹来，预示着夏天的结束。

第二候，白露降。对应否卦的六二爻，六二变爻，阴爻变阳爻，演变成天水讼卦。

讼卦，上乾下坎，乾为天，坎为水，为险。虽然已经进入收获的季节，呈现一派果实累累的丰收景象，但此时更要防范风险，防止邻里间不必要的争讼，处理好各种关系，保住丰收的成果。立秋后早晚温差渐大，夜间湿气接近地面，在清晨形成白露，坎为水，也在形容水雾的形成。

讼卦

第三候，寒蝉鸣。对应否卦的六三爻，六三变爻，阴爻变阳爻，演变成天山遁卦。遁，有退避、逃遁之意。

此卦象征阳气在加速消退，阴气在逐渐上升，无论是阳气的消退还是阴气的上升，整个退进通道是顺

遁卦

畅的，所以能利贞、通达。在秋天叫的蝉称为寒蝉，寒蝉也感应到阴气生而开始鸣叫。进入深秋后，寒蝉不再鸣叫，故有"噤若寒蝉"之说。

14. 处暑

处暑暑气开始褪去，"处"有"退"、"止"的意思，处暑对应的也是否卦。

第一候，鹰乃祭鸟。对应否卦的九四爻，九四变爻，阳爻变阴爻，演变成风地观卦。

观卦，上巽下坤，巽为风，坤为地。观卦有观察、观望之义。四个阴爻观仰两个阳爻，表示阴盛阳衰。此卦象为地上吹拂着凉风，暑气消退，炎热的天

否卦

气到此为止。观卦还有祭神之义，故老鹰猎捕后先陈列出来，像祭拜所猎之物。

观卦还提醒人们，要注意观察天气的变化，面对阴与阳、热与凉的转化，要有足够的应对措施，顺应气候的变化。

第二候，天地如肃。对应否卦的九五爻，九五变爻，阳爻变阴爻，演变成火地晋卦。

晋卦，上离下坤，离为火，坤为地，离又为光。太阳照大地，万物欣欣向荣。阴气上行而依附于阳，阴得"晋"之道。晋，进也。进入处暑的节气，尽管大地阳光普照，但天地的肃杀之气渐起，借此告诫人们虽然丰收了但是不可骄傲自满，要谨言慎行。

第三候，禾乃登。对应否卦的上九爻，上九变爻，阳爻变阴爻，演变成泽地萃卦。

萃卦，上兑下坤，兑为泽，坤为地。萃，聚也。泽上于地，为万物聚萃之象。当萃之时，世道兴隆，物产丰盛。在这一候所得到的萃卦，又象征五谷丰登，黍、稷、稻、粱、粟等谷类作物到处暑时节已经成熟，可以收获。

观卦

晋卦

萃卦

15. 白露

早晚温差大，空气中的水蒸气附着于易散热的物体上，凝结成露水，故称为白露，对应十二消息卦的观卦。

观卦有观察、观望之义，以开阔的眼界纵观天下。白露节气的三候，都与"观"有关，关键词全用鸟来形容。不同的鸟随风扶摇而上，在空中俯观大

观卦

地，顺应季节的变化。白露三候分别对应观卦的初六爻、六二爻和六三爻。

第一候，鸿雁来。对应观卦的初六爻，初六变爻，阴爻变阳爻，演变成风雷益卦。

益卦，上巽下震，巽为风，震为雷。益，增益也。季节已来到秋天的中段，收获的农作物就是一种增益，有了粮食，就可以外出远行，跋山涉水也不会畏惧。顺其上下自然而动，日益向前，则前途无量。手中有粮，心中不慌，有利于去做更多的事情。此时鸿雁自北方飞向南方，以避寒冬。

益卦

涣卦

渐卦

第二候，玄鸟归。对应观卦的六二爻，六二变爻，阴爻变阳爻，演变成风水涣卦。

涣卦，上巽下坎，巽为风，坎为水、为险。涣，散也。在丰收后的日子里，环境丰盛安逸，人心容易涣散，而这时自然界同样呈涣散之象，春去秋来，鸟儿们南来北往，各自在找回家的路。所有这些都在提醒人们，面对涣散之象要有强有力的对策，重新获得安定。玄鸟（燕子）于秋天自北方飞回南方。

第三候，群鸟养羞。对应观卦的六三爻，六三变爻，阴爻变阳爻，演变成风山渐卦。

渐卦，上巽下艮，巽为风、为入，艮为山、为止，渐，渐进也。渐卦卦辞所表达的还有女子出嫁之义。渐卦告诉人们，在这个季节做事不能急躁，经过丰收的喜悦，这时更需要心情舒展，思考过冬的对策。人们利用农闲时节，操办嫁女之事。群鸟养羞，羞通"馐"，为美食。养羞，是指诸鸟感知到肃杀之气，纷纷储食以备冬，如藏珍馔。

16. 秋分

秋分，表示季节来到秋天的正中间，此后昼短夜长，对应的也是十二消息卦的观卦。

秋分三候分别对应观卦的六四爻、九五爻和上九爻。

第一候，雷始收声。对应六四爻，六四变爻，阴爻变阳爻，演变成天地否卦。否卦象征阴气下沉，有肃杀之气。从立秋开始，气候就被否卦统治，秋分节气的第一候又出现否卦，更加强调阴阳互不相通、天地阻塞之象。象征阳气的雷声随着阴气逐渐旺盛，不再打雷，剩下的只有瑟瑟秋风。

第二候，蛰虫坏户。对应观卦的九五爻，九五变爻，阳爻变阴爻，演变成山地剥卦。剥，剥蚀、剥落的意思。

进入秋季，阴气在不断剥蚀阳气。从卦象上看，剥卦一阳在上而将尽，阴气盛长，充分反映秋分时节阴盛阳衰的现实情况，提醒人们要认真对待季节的变化，身体和物品不能被阴气剥蚀，必须顺应客观形势，顺应阴阳转化之道。众多小虫都已经穴藏起来，用细土封实孔洞，以避免寒气侵入。

第三候，水始涸，对应观卦的上九爻，上九变爻，阳爻变阴爻，演变成水地比卦。

比卦，上坎为水，下坤为地，水向地上滋润，水得地为依附承载，地因水而柔顺，象征互相亲近。在这个季节里要与大自然和谐相处，赶在冬季来临之前，做完应做的事情，不可怠慢节气，以免出现凶险。华北地区水汽开始干涸，河川径流量也开始变小。

观卦

否卦

剥卦

比卦

17. 寒露

寒露，表示阴气渐盛，露水因秋冷而成寒露，对应十二消息卦的剥卦。

寒露三候分别对应剥卦的初六爻、六二爻和六三爻。

前面叙述秋分节气时，已出现过剥卦，预示随着深秋的到来，剥落、剥蚀阳气的现象会越来越严重。

第一候，鸿雁来宾。对应剥卦的初六爻，初六变爻，阴爻变阳爻，演变成山雷颐卦。

颐卦，上艮为山，下震为雷。颐，颐养，天地养育万物。颐卦提示人们，在进入冬季的前夕，要做好过冬的各项准备，以便颐养身心，遵循养生之道。颐卦的卦象为上、下两个阳爻紧紧围着四个阴爻，有藏阴补阳之意。北方的大雁大举南迁，避寒过冬。

第二候，雀入大水为蛤，对应剥卦的六二爻，六二变爻，阴爻变阳爻，演变成山水蒙卦。

蒙卦，是蒙稚、蒙昧、幼稚的意思。深秋的来临使万物变得脆弱、稚嫩，人的身体随着季节变化，阳气减退，阴阳不平衡，很容易患病，这就要求人们蒙以养正，化解潜在的风险。传说中，鸟雀于深秋潜入大水（大海），而蛤蛎类贝壳的条纹色泽又与雀鸟近似，事实上，在深秋天寒时节，蛤类会大量繁殖，古人误以为是雀鸟所化。

第三候，菊有黄华。对应剥卦的六三爻，六三变爻，阴爻变阳爻，演变成艮卦。

艮，止也。这一卦更加强调在此节气阳气停

剥卦

颐卦

蒙卦

艮卦

止，阴气上升。有的事情该停的要及时止住，适宜在夏季做的事情或只能在夏季吃的食物，到此季节坚决不能去做、不能去吃，即使不当季的食物摆在你面前，也要视而不见，坚决不去食用。"艮其背，不获其身"，就像两个人背对背却不见面，近而不相得，这样才能相安无事。菊花在此时绽放，应节而开。

18. 霜降

霜降，阴气更重，露水凝结成霜，对应的也是十二消息卦的剥卦。

霜降三候分别对应剥卦的六四爻、六五爻和上九爻。

剥卦

第一候，豺乃祭兽。对应剥卦的六四爻，六四变爻，阴爻变阳爻，演变成火地晋卦。

晋卦，上离下坤，离为火、为光，坤为地、为柔顺。大地上虽然有太阳光的照射，阳光还在做最后的努力，展示自己的能量，但已是疲软无力。此卦在告诫人们，要正确判断季节变化的形势，顺势而为，方能得进。豺是一种似狗的动物，豺捕到野兽后，先陈列出来，似祭拜一番，然后再食用。

晋卦

第二候，草木黄落。对应剥卦的六五爻，六五变爻，阴爻变阳爻，演变成风地观卦。

观卦在处暑节气的第一候出现过，本节气的第一候晋卦，也在处暑的第二候出现过。这两卦反复出现是在提醒人们，在秋天时节，要仔细观察，了解大自然的运行规律，明白四季交替变化的道理。深秋后万物生长速度减慢，植物的叶片因水分减少而转为枯黄，随后掉落。

观卦

第三候，蛰虫咸俯。对应剥卦的上九爻，上九变爻，阳爻变阴爻，演变成坤卦。

坤，为地、为顺。在秋季最后一个节气的最后一候，坤卦的出现最直观地体现大地的宽厚和温顺。尽管存在秋天的肃杀之气，大地仍在努力展现厚德载物的德行，使得人们最大限度地接受大地的呵护，经受住各种险阻，平稳渡过秋天，迎接冬季的到来。蛰虫在此时垂头不动（咸俯），静静进入冬眠状态。

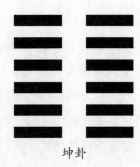

坤卦

19. 立冬

冬季开始，立冬对应十二消息卦的坤卦。立冬三候分别对应坤卦的初六爻、六二爻和六三爻。

第一候，水始冰。对应坤卦的初六爻，初六变爻，阴爻变阳爻，演变成地雷复卦。

复卦一阳在下，五阴在上，由剥卦发展而来，体现剥极必复的自然规律。虽然刚进入冬天，但阳气在积聚，生在下面的一阳看上去很弱小，却是力量的源泉，但要发展强大，还有一个长期而艰难的过程，需要我们耐心等待，不能操之过急。北方天气已经寒冷，水泽开始结冰。

第二候，地始冻。对应坤卦的六二爻，六二变爻，阴爻变阳爻，演变成地水师卦。

坤卦

复卦

师卦，上坤为地，下坎为水。师，众也，原指众多的队伍，引申到此候，表示冬天里将经受众多的磨难和考验，迎接风霜雨雪的到来。一阳在内卦二阴之间，提示人们要善于藏阳，用以对付四周的阴气。只有在进入冬季之初做好充分准备，才能安全平稳地度过漫长冬天。土壤中的水分因天冷而凝冻，使土壤变硬。

第三候，雉入大水为蜃。对应坤卦的六三爻，六三变爻，阴爻变阳爻，演变成地山谦卦。谦，谦虚也。

谦卦，上坤为地，下艮为山。高山藏在大地中，是谦虚的象征。这一候出现谦卦，是要提醒人们，秋天的丰收已成过去，不能忘乎所以，要充分认识冬季气候的残酷，备足所需。冷静分析形势，无论是处于优势还是劣势，均不改其谦德，方能成长久之正道。这时，大蛤（蜃）大量繁殖，古人认为其是雉（野鸡）所化。

师卦

谦卦

20. 小雪

小雪，天气变寒，下初雪。小雪三候对应的是坤卦的六四爻、六五爻和上六爻。

第一候，虹藏不见。对应坤卦的六四爻，六四变爻，阴爻变阳爻，演变成雷地豫卦。

豫，和乐也。豫卦与谦卦互为综卦，从卦序来看，豫卦紧跟谦卦，排序在第十六位。《序卦传》曰："有大而能谦必豫，故受之以豫。"意思是坚守正道又谦虚之人必定能够和乐幸福。尽管季节来到小雪，寒气逼人，但豫卦预示生活一定能愉快和美。此时，降水量大幅减少，空气干燥，彩虹这种自然现象将不再出现。

第二候，天气上升。对应坤卦的六五爻，六五变爻，阴爻变阳爻，演变成水地比卦。

在前文所述的秋分节气出现过比卦，比卦阐释爱抚精诚的道理，要求人们相互帮助，精诚团结。

坤卦

豫卦

"天气上升"的意思是阳气上升，回到了天上，地上的阳气减少，阴气降到了地下，在这个节气里，天气已经寒冷，要抱团取暖，以应对天地不通、万物寂然的状态。

第三候，闭寒成冬。对应坤卦的上六爻，上六变爻，阴爻变阳爻，演变成山地剥卦。

剥卦在前文所述的秋分节气的第二候也出现过。进入小雪节气，阴气更加剥蚀阳气，一阳在上，独阳难以掌控局面，这时一定不能操之过急，要耐心地度过寒冬，等待时机，韬光养晦，静以待时，保全实力。上卦艮卦也体现此时应适可而止。

天地之间阴阳之气闭塞，一切显得毫无生机。

21. 大雪

大雪，即大雪纷飞，对应十二消息卦的复卦。

复卦有来复、恢复、回复之意。复卦为剥卦的综卦，从卦序排列来看，其紧跟剥卦，有剥尽来复之象。

大雪三候分别对应复卦的初九爻、六二爻和六三爻。

第一候，鹖鴠不鸣。对应复卦的初九爻，初九变爻，阳爻变阴爻，演变成坤卦。

坤卦为六个阴爻，充分展现大地的温顺。大雪节气，天气更加寒冷，北风呼啸，大雪纷飞。大地在默默接纳雪花，承受寒冬的侵蚀，又像母亲般细心呵护大自然的一切生物，尽情展示她温柔和厚德的品性。寒号鸟（鹖鴠）因天寒地冻而停止鸣叫。

比卦

剥卦

复卦

坤卦

第二候，虎始交。对应复卦的六二爻，六二变爻，阴爻变阳爻，演变成地泽临卦。

临卦

此时虽是寒冬季节，阳气却在渐渐成长。阳气的来临，尽管不为人们所感知，但已悄悄地在地底升腾，逐渐向大壮发展。临卦提示人们要把握良机，做好迎接阳气的准备，为万物生长打下一个好的基础。由于阳气上升，充满阳刚之气的老虎开始有求偶交配之举动。

第三候，荔挺出。对应复卦的六三爻，六三变爻，阴爻变阳爻，演变成地火明夷卦。

明夷卦有光明消失之义。上一候所对应的临卦，阐释阳气上升之理，而在本候中则出现光明消失之意，似乎前后非常矛盾，但这是《易经》强调

明夷卦

看清事物要一分为二。上一候临卦的出现是阳气上升的象征，这是不容置疑的。本候中出现的明夷卦强调，虽然有阳气上升，但此时仍然处在寒冷的冬天，提示人们现在还处在艰难之中，要坚守正道，方能渡过难关。

此时，有一种兰草（荔挺）由于感到阳气的萌动而抽出新芽。

22. 冬至

冬至，就是冬季到了一半，这天夜最长。冬至三候对应十二消息卦中复卦的六四爻、六五爻和上六爻。

第一候，蚯蚓结。对应复卦的六四爻，六四变爻，阴爻变阳爻，演变成震卦。震卦有地震、雷震之义。

复卦

震卦为同卦相叠。震卦为雷，两震相叠，有巨雷连击、震惊百里之象。冬至时，阳气已经在地底活动，所对应的震卦又恰到好处地说明，阳藏于地，其气震动频频。冬至这一

天，阴极之至，阳气始生。过了冬至，白昼一天比一天长，阳气回升，是一个新的节气循环的开始。古人认为，冬至是一个吉日，应该庆贺。值得注意的是，虽然冬至后阳气上升，但人的感觉是越来越冷，气候进入一年中最寒冷的阶段。此时地底的阳气仅处于萌动状态，并不足以抗衡阴气，但古人已看到自然界的发展趋势，阳气上升已不可阻挡，寒冷是阴气最后的疯狂。

震卦

传说中蚯蚓是阴曲阳伸的生物，此时阳气虽已生长，但阴气仍然十分强盛，土中的蚯蚓仍然蜷缩着身体。

第二候，麋角解。对应复卦的六五爻，六五变爻，阴爻变阳爻，演变成水雷屯卦。

屯卦象征万物初生，尚未通畅之意。屯卦紧跟着第一候的震，可说是天衣无缝、一脉相承。上一候已说到阳气始生，万物感受到了阳气的来临，迎阳初生。屯卦既有万物初生之意，也有过程艰难之意。草木在萌芽状态，生命力相当脆弱，屯卦提醒人们要有

屯卦

高度的警惕性，防止幼芽被摧残，充分体现《易经》的忧患意识。

麋是喜爱水泽的阴兽，麋在冬至时感受到阴气渐退而解角。

第三候，水泉动。对应复卦的上六爻，上六变爻，阴爻变阳爻，演变成山雷颐卦。颐卦象征颐养，雷出山中，为天地养育万物之时。

冬至三候，紧紧相连，关系密切，主题突出。其中心思想就是提示人们，阳气始生，阴气下降，要调整好做人做事的方式，重现颐养之道，才能顺应天地，养育万物。若失其正道，则阴阳不调，错乱生异，使万物不能旺盛。同时，冬至三候又把《易经》中未雨绸缪的思想一以贯之。

颐卦

23. 小寒

小寒，顾名思义是天气寒冷但还没到极点，对应的是十二消息卦的临卦。临卦表示到来、来临。

小寒对应的是临卦的初九爻、九二爻和六三爻。

第一候，雁北乡。对应临卦的初九爻，初九变爻，阳爻变阴爻，演变成地水师卦。

师卦有兴师动众之义。师卦还强调统帅的重要性。在这种数九寒天的节气里，人们要听从指挥，按自然规律办事，否则将招致祸患。对这一点，连大雁都知道，当它们感受到微弱的阳气，在统帅——领头雁的带领下，群雁开始向北迁移。

第二候，鹊始巢。对应临卦的九二爻，九二变爻，阳爻变阴爻，演变成地雷复卦。

复卦的卦象突出一阳初生的重要性。进入小寒节气后，天气越来越寒冷，人们往往感觉不到阳气的存在。此时复卦提醒人们，一阳已经生成，不要惧怕寒冷，要看到前途，看到光明，勇敢地面对严寒的挑战。

鹊就是喜鹊，鹊喜阳，感到阳气动会开始筑巢，准备孕育下一代。

第三候，雉始鸲。对应临卦的六三爻，六三变爻，阴爻变阳爻，演变成地天泰卦。

泰卦的卦象是三阳开泰，它不厌其烦地强调阳气来临，是因为阴气凝重而将下沉，阳气清明而将上升，阴阳交感。如能审时度势，就能做到上下和谐，在逆境中奋勇前进。

此时雉鸟已感受到阳气上升而鸣叫。

临卦

师卦

复卦

泰卦

24. 大寒

大寒，是一年中严寒的极点，也是一年当中最后一个节气，对应的也是十二消息卦的临卦。

大寒三候对应临卦的六四爻、六五爻和上六爻。

第一候，鸡始乳。对应临卦的六四爻，六四变爻，阴爻变阳爻，演变成雷泽归妹卦。

归妹卦喻指男女动心而生爱慕之情。上震为长男，下兑为少女，长男与少女结合，欣悦而动。本候对应归妹卦，引申为尊重自然规律。随着阳气的上升，可以提前谋划，要把握好时机，看到仍处于寒冷的风险，提高顺应自然的能力，增强规避风险的意识。

在这个节气，母鸡开始孵育小鸡。

第二候，征鸟厉疾。对应临卦的六五爻，六五变爻，阴爻变阳爻，演变成水泽节卦。节，表示有限度而节制，有节约、节度、调节等意思。

本候节卦紧跟上一候的归妹卦，从卦意来看，男女结合，和悦美满，但要注意节制才有利于身体健康。

从季节来说，虽然冬天已进入尾声，但也要注意储存能量，以最佳的状态迎接春天的到来。同时，也要适当付出，保持活力和饱满的精力。

老鹰、隼等猛禽，因受到饥寒交迫之苦，仍需要旋于空中，追捕猎物。

第三候，水泽腹坚。对应临卦的上六爻，上六变爻，阴爻变阳爻，演变成山泽损卦。损，减省

临卦

归妹卦

节卦

损卦

也。这种减损不是单纯的失去，而是在减损的同时获得利益。

在一年中最后一候出现损卦，就是提醒人们，经过一个冬天的寒气侵蚀，万物都受到严重的损害，但从另一个角度来看，这种损害也是有利的。在严酷的冬天，万物外表经受了打击和折磨，这是一种损伤，但同时也受到了锻炼，储存了能量，为来年发展打下了坚实的基础，所以也是一种受益。

损卦还提醒人们，要注重自然规律，当损则损，有舍才有得。

第五章
易数与棋牌

中国传统棋牌的产生、演变和发展，与《易经》有着密切的关系，它的很多方面都充满着《易经》的智慧，体现出《易经》的思维。这些棋牌具体的组成方式和游戏规则是用易数来表达的。

第一节　围棋中的易数

　　围棋是中国人独创的一种智力游戏，它充满了易数的思维，体现出《易经》的智慧。

　　围棋发展至今约有三千年的历史。相传围棋起源于中国上古，史书中有"尧造围棋，以教丹朱"的记载。

　　传说在公元前两千多年以前的原始社会后期，有一个大王叫尧，他有一个儿子叫丹朱，丹朱小时候非常淘气而且头脑很笨，只知道和小伙伴玩"打仗游戏"，身上弄出许多伤疤，做什么事情都不动脑子，尧怕他将来成不了才，于是苦思冥想，终于想出来一个教育儿子的好方法。

　　一天，尧把丹朱叫到跟前对他说："你喜欢打仗游戏，既容易受伤，也不团结。现在我教你一种不用拳和脚的打仗游戏。"丹朱听后很高兴。尧让丹朱捡一些黑色和白色的小石子，他在地上画了很多小方格，对丹朱说："黑石子给你，白石子给我，一个石子就是一个兵，你就是将军。我们轮流在方格线上摆放石子，一次只许放一个，看谁的兵能把对方的兵围住，围住的石子就被消灭掉，必须把它拿走。"丹朱听了后很感兴趣，就与尧在地上打起仗来。玩着玩着，丹朱发现自己的黑兵总被白兵消灭，急得抓耳挠腮，尧笑着对丹朱说："你失败是因为不爱动脑筋，这与战场打仗一样，必须学习排兵布阵，否则是不能取胜的。不学会思考，你将来怎么能当个好将军呢？"丹朱受到了启发，再也不和小伙伴们瞎跑瞎闹，而是向父亲学习这种游戏的本领，经常入迷得对着方格认真思考，悟出了许多打仗的方法和做人的道理，逐渐变得稳重、聪明。他长大以后，真正成为一名能文善武的优秀将军。尧帝教丹朱玩的这种游戏，经过不断发展，便成为现在的围棋。

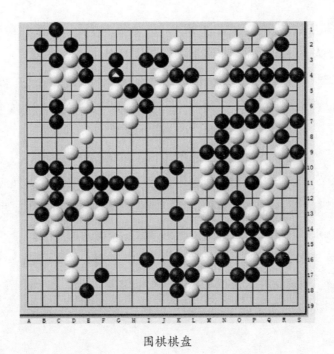

围棋棋盘

《周易·系辞上》中说："乾之策，二百一十有六；坤之策，百四十有四，凡三百有六十，当期之日。二篇之策，万有一千五百二十，当万物之数也。"《易经》理论里面，以9代表阳，6代表阴，一年有四季，因此，阳的四季数为9×4=36，阴的四季数为6×4=24。《易经》每卦皆有6爻，因此纯阳之数为6×36=216，纯阴之数为6×24=144，阴阳二数之和为216+144=360。围棋中心的天元象征宇宙的中心，天元外的360个点恰好与农历一年的日数相同。由此可见，围棋与《易经》的渊源是非常深的。

根据历史文物及考古发掘实践，最初的围棋并不是十九道，它经历了一个由简单到复杂的过程，简单来说，就是由9×9，发展到13×13，再发展到15×15、17×17，南北朝至隋唐初年间，十九路围棋逐渐成为主流。这个事实说明，围棋作为一个事物也不是一成不变的，它发展到十九路，并一直流传到今天。这个发展过程与《易经》思想里"简易、不易、变易"的基本思想完全相符。

什么是"变易"呢？宇宙万物时刻在变化，河流、湖泊、海洋、山川、鸟兽，以及人事，无时无刻不在运动、变化，因此称为"变易"。围棋从开局开始，按照双方轮流走一步的原则，有361种变化，这是一个近乎无穷大的数字！也就是361×360×359×……×9×8×7×6×5×4×3×2×1种可能。这个无穷无尽的变化，符合"变易"的原理。

什么是"不易"呢？变化不息的宇宙虽然在不停地运动，但这种变化不是杂乱无章的，而是有规律可以遵循，具备一定的法则性，井然有序，循环不已。围棋有着三四千年的发展历史，时代也屡次变迁，但围棋里的基本规则及象征意义没有变化。这说明，围棋符合"不易"的原理。

什么是"简易"呢？宇宙是"不易"的，也就是说是有规律可遵循的，是可以被简单地理解并且认识掌握的，所以说是"简易"。围棋的规则非常简单，任何人只要通过简单地练习，就可以掌握基本的走法。这符合"简易"的原理。

著名易学大师陈帅佛认为，天圆地方，天以一个点为中心，我们围着天的中心在转。将那个天体的中心点仔细观察并记录下来，发现天象虽有些差异，不过差异不大，而中心点的星星还最明亮，古人称之为"天极、天一"，也就是北极星。

对天体星辰的观察是需要模型记录的。既然北极星为"天极"，是天上唯一的点，那么也就是围棋中的"天元"。可是，据此又如何想象设计出这样一种变化多端的智力游戏呢？依着怎样的思路才能发明出给人智力多方锻炼，包含逻辑、哲学、数学以及兵法及诸多学科的围棋呢？

对于旁观者来说，围棋似乎总是充满神奇的元素。那一黑一白的小小棋子仿佛演绎着玄妙的哲理，诠释着隐讳的天机，正所谓，"世事如棋，乾坤莫测，笑尽英雄"。洛书、河图中的图案与围棋有着极其雷同的交合部分。上古时，天降河图、洛书，伏羲氏创造先天易，神农氏创造连山易，轩辕氏创造归藏易。

易学大师陈帅佛认为，三千年前，周文王根据伏羲八卦再创六十四卦，将其规范条理化，注了卦辞和爻辞，即为《周易》，与连山易、归藏易合称"三易"。它以简单的图像和数字，以阴和阳的对立变化，来阐述纷繁复杂的社会现象，以少示多，以简示繁，论证万物充满变化，再经过后世周公和孔子等人推论解读，留传至今，成为中国的诸子百家之源，乃至与人们的日常生活都息息相关。

易学大师邵伟华也说，《周易·系辞上》言："大衍之数五十，其用四十有九。分而为二以象两，挂一以象三，揲之以四以象四时。"占筮演算的蓍草共五十根，实际运算用四十九根，有一根置而不用，象征北极星的恒定不变，也就是棋盘中的天元。

《易经》通篇也充满类似的危机意识。"博弈之道，贵乎谨严"，"随手而下者无谋之人也。不思而应者，取败之道也"，居安思危、谨慎周全、顾全大局几乎是棋手学棋之后的基本功。

陈帅佛认为，高质量的对局往往是两位高手高度对抗下的胜负和谐，以及毫厘之间的胜负。"围棋十诀"讲到，入界宜缓，打入对方要徐徐图之，不可一进到底，而要留下转圜的余地。《周易·剥卦·象》曰："山附于地，剥；上以厚下安宅。"此卦以一阳位于五阴之上，其所附不可谓不厚，陈帅佛认为，但为上之人度其时势，并不贸然追求大有作为，而是养晦图存，未来可继，安宅即可。又以复卦言之。十二辟卦中，复卦对应十一月。从卦象来看，复卦一阳在下，五阴于上。到了十一月，阳气回复，此为冬至一阳生。《周易·复卦·象》曰："雷在地中，复，先王以至日闭关，商旅不行，后不省方。"雷在大地之中，阳气来复。先王在冬至这天闭关，商贾旅客不远行，君王不巡视四方邦国。下围棋，时机来时如阳气初现，不必忧虑它不生长，但要思虑周全，不要轻举妄动轻易落子，考虑成熟再走，此为慎勿轻速。再如大畜卦，天在山中，含养乾云行雨施，品物流性之德于山中，各种品流皆可纳蓄，从而避免了执一之害。围棋讲权变，讲临时变通，宜勿执一，孟子曰："所恶执一者，为其贼道也，举一而废百也。"

《周易》又有"括囊"之说。《周易·坤卦·象》曰："六四，括囊，无咎无誉。"束紧口袋，就不会有过失，也不要求赞誉。

《周易》全篇都在讲明时正位，讲选择，围棋也在讲选择，譬如哪里大就下哪里，但是没有明时正位作为基础，做出这种选择就可能丧失其基础而效率低下。

《周易·艮卦·象》曰："时止则止，时行则行，动静不失其时，其道光明。"一个"易"，一个"明时正位"，是我们能从《易经》中取得的很大教益。进而从围棋之象之用，体察《易经》之道，并广及至理解万千世界，也不失为一种有趣的方式。

从视觉角度看，黑、白两色对比最鲜明，最容易被人的眼睛区分。这种表面上截然对立的性质，不能不说与《易经》的思想有着密切联系。《易经·系辞上》说："一阴一阳之谓道，继之者善也，成之者性也。"又说："是故《易》有太极，是生两仪，两仪生四象，四象生八卦，八卦定吉凶，吉凶生大业。是故法象莫大乎天地，变通莫大乎四时，悬象著明莫大乎日月，崇高莫大乎富贵。备物致用，立成器以为天下利，莫大乎圣人。探赜索隐，钩深致远，以定天下之吉凶，成天下之亹亹者，莫大乎蓍龟。是故天生神物，圣人则之；天地变化，圣人效之；天垂象，见吉凶，圣人象之。河出图，洛出书，圣人则之。《易》有四象，所以示也；系辞焉，所以告也；定之以吉凶，所以断也。"

《易经》认为，宇宙是由阴、阳两种相互对立的属性组成的。而在围棋中，黑、白双方恰好也是相互对立的。古代围棋中，黑白四子象征四季。以白子先行，黑子后行，象征一天以白昼开始，夜晚结束。白子其实代表《易经》中的阳，黑子代表《易经》中的阴。可以说，阴、阳与黑、白两色棋子相对应，象征黑夜与白昼的交替。

与《周易》同源的围棋，在简单与复杂的统一上极为相似。围棋黑、白两种棋子，双方轮流下子，落子后不能移动，棋盘也不过是由横竖十九道直线构成，看来简单到不能再简单，但是通过双方下子先后和着点（也即《周易》所说的时与位）的组合，可以有近乎无穷的变化。《周易》的研究乐趣在预测之外是哲思、明理的妙味，研究进去可能一辈子沉迷其中，正所谓"闲坐小窗读周易，不知春去已多时"。这与围棋的"烂柯"传说，与其"坐隐"的别称正好相映成趣。

王质烂柯图

王质烂柯的故事是这样的。南朝梁任昉《述异记》卷上："信安郡石室山，晋时王质伐木至，见童子数人棋而歌，质因听之。童子以一物与质，如枣核，质含之不觉饥。俄顷，童子谓曰：'何不去？'质起视，斧柯烂尽，既归，无复时人。"

原文大意：信安郡石室山（浙江衢州），晋代王质砍柴的时候到了这山中，看到几位童子，他们有的在下棋，有的在唱歌，王质就到近前去听。童子把一个形状像枣核的东西给王质，他含住那东西以后，竟然不觉得饥饿了。过了一会儿，童子对他说："你为什么还不走呢？"王质这才起身，他看自己的斧子，发现那木头的斧柄已经完全腐烂了。等他回到人间，已经没有与他同时代的人了。

《周易》与围棋都太有魅力，太深奥。而作为一名棋手，读一读《周易》，明白其中"易"理，对于理解围棋、提高境界，自然大有益处。

《周易》的六十四卦由先天八卦重叠而成，先天八卦及其从上爻往下爻的排列为：乾（3个阳爻）卦、坤（3个阴爻）卦、离（1个阳爻1个阴爻再1个阳爻）卦、坎（1个阴爻1个阳爻再1个阴爻）卦、震（2个阴爻1个阳爻）卦、巽（2个阳爻1个阴爻）卦、艮（1个阳爻2个阴爻）卦、兑（1个阴爻2个阳爻）卦。乾卦代表天；坤卦代表地；离卦代表太阳；坎卦代表月亮；震卦代表雷；巽卦代表风；艮卦代表山、陆地；兑卦代表河流、海洋。人们生活的这个世界就由这八种自然现象构成。简化成为爻，只有两种，即阳爻（——）和阴爻（— —）。也就是说，这个世界就是由阴和阳构成的，这已简单到不能再简单的地步，也正如围棋只有黑、白两色棋子一样。八卦和围棋都是我们祖先对世界的高度哲学认知，人类文明不发展到一定高度是不可能发明八卦和围棋的。因此，有人怀疑八卦是外星人所传授，或者说是史前文明的遗产，也是可以理解的。

《周易》的卦象是一种符号，人们通过解释卦象来预测事物，也通过解释卦象来探索哲学奥秘，这其中隐含着符号逻辑的原理。卦象既是认识世界的一种结果，也是人们认识世界的一种工具。围棋的符号特性在它的发展过程中已逐渐弱化，但围棋是文化底蕴极深的娱乐形式，人们仍能从中悟出关于自然、社会、人生的不少道理。至于围棋原有的占卜功能，如今只保留在对弈之前的猜先里了。

现在，《周易》的哲学价值也引起西方学者们的重视。在电子计算机产生之前，人们就发现电子计算机将采用的二进位制，正与《周易》八卦的思维模式相通。《周易》的哲学体系作为一个智慧宝库，从此受到更多西方人士的重视。1679年，莱布尼兹撰写了一篇题为《二进制数学》的论文，他想到了仅用"0"和"1"两个数字符号阐释万物。莱布尼兹想在数学上找到一种全世界共通的语言，他于1701年将自己的数表寄给当时在中国的法国传教士白晋。同年，白晋在给莱布尼兹的回信中说，二进制数和中国的《易经》中的64卦图有联系，并将宋代邵雍所制的卦图寄给他。这封信于1703年才到莱布尼兹的手上，他异常兴奋。他将阴爻当作0，阳爻作为1，64卦正好是0到63的二进制数字。莱布尼兹立即给白晋写信："这易图是流传于宇宙间的科学中之最古纪念物。但是依我之见，这四千年以上的古物，数千年来没有人能了解它的意义。它和我的新算术完全符合，我若没有早发明二进制算术，我也不能明白64卦的体系和算术画图的目的，望洋兴叹不知所云运用二进制。"现在的电子计算机不仅发明出来且已经有了日新月异的发展。可见，人类不论身处何方，只要生活在同一个地球，其认知就可能殊途同归。

《礼记·五经解》提到《易经》这门学问时，说它："洁净精微，易之教也。"用之于围棋，"洁净精微"，也同样十分恰切。"洁净精微"是对《易经》这个简单与复杂统一体的一种精确描述。围棋能让人们觉得魅力无穷，越研究越感到它深不可测，也在于它太像《易经》。

西方人接触《易经》、围棋之前，对东方哲学和智慧的认知多处于一种朦胧状态；他们一旦接触《易经》、围棋，对东方哲学和智慧的认知就会清晰起来。如果他们在学习围棋的同时接触到《易经》，两者结合起来学习，会收到事半功倍的效果。

下棋时，要做到眼观六路、耳听八方，就是每一步都要有全局意识，周密思考，落子谨慎。所谓"六路"，不仅是一般意义上的量词，而是有具体所指。古代最早是9×9的棋盘，最多是九路，如果每下一步都算到六路之后的变化，就技高一筹了。"六路"还有一个说法，是指《易经》的卦，六十四卦中每一卦都是六爻，如果将六爻中的每一爻都熟记于心，获胜的概率就大多了。所谓"八方"，代表《易经》后天八卦的方位，如下图所示：

后天八卦图

围棋棋盘用天元来象征太极，用八颗"星"来象征东、西、南、北、东北、西北、西南、东南，分别对应后天八卦的震、兑、离、坎、艮、乾、坤、巽这八方。它提醒你在下棋时，方方面面都要顾及，如果只"听"到七方或者六方，那就是"偏听"，其结果就是满盘皆输。

2017年9月，中国围棋名将江铸久在联合国教科文组织总部作了题为《围棋中的易经思想》的演讲，我们从中可以加深对《易经》数理与围棋关系和《易经》阴阳理论对围棋影响的理解。

下面摘录一部分：

三千年前，《易经》的诞生标志着中华文明开始落地生根。围棋恰恰也是在这段时期产生的（史料记载，春秋时博弈盛行），这也是我们今天寻找围棋本源的线索之一。能够想象的是，围棋从一开始就是一项高级的智力游戏。因为其高级，所以在很长一段时间内，只小范围存在于上层社会中。这一点在围棋的旁支——藏棋（西藏围棋）中也得到了旁证。

　　《易经》是解释宇宙和开悟人生的天书，正像围棋大师吴清源九段研究认为的，围棋是解释《易经》的工具。围棋更像是实践中的天书，是人间的宇宙模型，其思想内容可以包含演绎许多人间的哲理逻辑。其中演绎出许多与《易经》内容类似的思想。

　　棋盘有三百六十一个交叉点，这是模拟一周天的数目，也就是一年的天数。棋盘分成四个角，模拟四季，每个角有九十个交叉点，象征每季度的天数；棋盘外围的七十二个交叉点模拟气候时节中的七十二候。黑白棋子各占一半，象征阴阳。棋盘方正沉静，棋子浑圆灵动。动静之中，又有阴阳。

　　世界上有6000多种智力游戏，与象棋、国际象棋这些棋类不同，围棋没有角色定位。没有王、后、将、相，每一颗子都是平等的、一样的，所不同的是，处在不同的位置，所起的作用不同。时不同，位不同，作用不同，在关键位置上就有了我们所说的关键子。关键子并不是子有多么关键，而是它所处的位置有多么关键。没有事先设定，一切皆有可能，一切皆听从时间条件的变化，这符合《易经》所反映的世界。

　　我们所说《易经》亦为《周易》。天行健，"行，则周乎地外，入乎地中而皆行矣，岂有位哉？"全局的概念在围棋中的应用甚为广泛。围棋讲究棋子间的配合，下棋时若拘泥于局部，看重每一颗子的死活，而不看这颗子的死活是否合乎大局的需要，就很容易走出败招。围棋的子是时刻随着全局的变化而作用不同的。

　　"棋者，以正合其势，以权制其敌。"下棋，既要针对实际情况权变应对，也要尊重围棋的一般规律。以正合，出奇胜。每位围棋高手都会在下棋时有随时应用的思路，似乎又像是一位出色的兵家。这就是《周易·系辞》所谓的"天尊地卑，乾坤定矣。卑高以陈，贵贱位矣"。《易经》认为变与不变都是必然的，变化之中有不变，不变是变的前提。因此，大衍筮法将一根蓍草置而不用，以象恒定不变。也因此，《易经·恒卦·象》曰："观其所恒，而天地万物之情可见矣。"

　　虽然如此，《易经》的重点仍然在"变"字。易者，阴阳也。阴阳升降变化，相互推移摩荡，便为"易"。乾坤并建，阴阳一体。阴阳相合相争，但围棋是输赢的游戏，对弈双方相争相伐，阴阳消息，力量此消彼长。就一方对弈者言，几乎随时要随着对方的应对招法而"变"。其行为招式则随时存在争合并存，彼此兼顾阴阳平衡的问题。围棋的思考又处处体现了为对方着想的合理平衡，以期达到对自己最为平衡有利的那一招。

"天行健"，"地势坤"，乾健坤顺，乾刚坤柔，乾动坤静。但乾坤并建，一体两面，阴阳之道存乎其中。以棋道观之，并非输赢相争便使勇斗狠，招招致人死地，相反，围棋招法上讲究留有余地，讲究阴阳平衡，阴中有阳，阳中有阴，不可偏废。更多的时候，如果不替对方想到最好的应对，那么自己最好的一招反而是可能有破绽的。如果追求过度的效果，反衬的是自己思考不够周全。高质量的对局往往是两位高手高度对抗下的胜负和谐、毫厘之间的胜负。

下围棋，则时机来时如阳气初现，不必忧虑它不会生长，但要思虑周全，不要轻举妄动轻易落子，考虑成熟再走，此为慎勿轻速。

《易经》与围棋是两个系统，而《易经》这个系统是比喻的系统，是高屋建瓴的理论，理解得对时便有无穷之理。不要把《易经》当成具象，而要把它当成符号系统。这样参考来观棋道就容易打开思路，提供更为广阔的视角，协助人走向另一个高度。如果把《易经》教条化，就容易令人进入只认死理的死胡同。很多围棋大师追求的是棋道，是竭尽全力下出自己对棋道理解的"神之一手"。如果仅追求一时的胜负以及所带来的效果，"初心"可能就不是那么纯，反而不容易达到一定的高度，也不容易发挥出最好的水平。围棋很多时候的胜负处，在于棋手的敏感，在于早于对手嗅到局面的微妙变化。"坚冰至"胜负处的来临，往往决定一盘棋的走向。

以上是江铸久的精彩演讲片段，他把围棋中的"一阴一阳之谓道"分析得多么深刻，阐述得多么透彻。我们仿佛从一黑一白的棋子中嗅到浓浓的易理气息，看到黑、白二子搭建的无比恢弘的阴阳世界，更感到易数与围棋的紧密关系。

第二节　象棋中的易数

这里主要讲的是中国象棋。象棋的"象"不是指大象，而是出自《易经》的"象"。远古时代在"概念思维"尚未确立时，人的思维活动几乎被"象思维"垄断。《易经》之哲理意蕴，均借"象"而立。《易经》中的卦象与爻象，意义有三：或为现象，或为意象，或为法象。"法象"指的是效法外部现象，"取象比类"后所得之"象"。如谦卦下面是山，上面是地，合成一卦则是"山在地下"之象，"取象比类"后便得"谦"。谦卦象征"才高不自许，德高不自矜，功高不自居"。象棋以"象"作棋名，也是意在"立象以尽意"，属"法象"之列。

象棋的得名与《周易》的唯象思维方式及其象数理论密不可分。这一点可以从汉人边韶《塞赋》对博塞象棋的描述中得到证明："可以代博弈者曰塞……故书其较略，举其指归，以明博弈无以尚焉……本其规模，制作有式。四道交正，时之则也；棋有十二，律吕极也；人操厥半，六爻列也；赤白色者，分阴阳也；乍存乍亡，象日月也；行必正直，合中道也；趋隅方折，礼之容也；迭往迭来，刚柔通也；周而复始，乾行健也；局平以正，坤德顺也。然则塞之为义，盛矣大矣，广矣博矣！质象于天，阴阳在焉；取法于地，刚柔分焉；施于人伦，仁义载焉；考之古今，王霸备焉；览其成败，为法式焉。"

这段话简直不是在解释"塞之为义"，而是在解释《周易》的象数。西汉易学以"卦气说"为主的象数概念和理论，在这里几乎被包揽无余。从棋局上讲，它制作象式；四道交正，象征四时的更替；局平以正，象征坤卦（地）的德性——和顺地承载着万物。从棋子上讲，子有十二，象征源于易数的十二律数；两人弈棋，人各六子，象征卦的六爻；子分黑白，象征《易经》的"一阴一阳之谓道"；从着法上讲，子的获得和丢失，象征日月的推移；行子必正而直，象征《周易》的"贞正""时中"观念；到了角上要方折转弯，象征礼制的宽容大度；行棋的迭往迭来，象征六爻的刚柔上下往来；行棋的周而复始，象征乾卦的性质——宇宙永远运动不息的刚健。总之，《周易》的"立天之道，曰阴与阳；立地之道，曰柔与刚；立人之道，仁与义"的思想，在现代象棋的雏形博塞象棋之"象"中表现得淋漓尽致。

象棋是中华优秀传统文化不可或缺的一部分，被誉为"休息式的战斗""古今高尚之消遣"。自诞生之日起，那引人入胜的棋局，构思精巧的阵势，就犹如一幅绝妙的画面，胜似一曲动听的音乐。所以，直至今天，象棋依然备受大众喜爱，流传地域之广，参与人数之多，丰富内涵之博，均是其他形式的文化活动所无法比拟的。

唯象思维是《周易》独特的思维方式，八卦、六十四卦中涵盖天地万物的各种物象、实象、虚象，《周易》正是通过取象比类、触类旁通的思想方法把握和认识客观事物的。博塞象棋在思想方法上采取了唯象思维方式，在局、子的设计上取法于《周易》象数，故其中充满了天地运动、日月推移、四季交替、刚柔上下、礼智仁义等各种"象"，正如边韶所总结的，其有"质象于天""取法天地"的盛大广博之"象"。因此，博塞之所以称为象棋，正是由于式盘和博塞局子中具有"象天法地"之"象"。不仅边韶说棋中有"象"，古代凡与象棋有关的词赋文章也这样说，如北周王褒在《象经序》说："一曰天文，以观其象；二曰地理，以法其形；三曰阴阳，以顺其本；四曰四时，以正其序。"这些讲的都是象棋之"象"。在棋戏"前冠"以"象"字，指弈棋犹如"象天则地"一样，自然和社会法则都以唯象思维的方式比拟后被用于棋局、棋子的设计和棋理，棋中固有的"象天则地"之象，才是把棋戏称作"象棋"的原因所在。

众所皆知，《周易》是"中华文化之根"，所以说，象棋与《周易》有着千丝万缕的联系，套用孔子的一句名言，"百姓日用而不知"，意思是大家都在用，只是不知道。"一阴一阳之谓道"，《周易》的阴阳思想在棋盘和棋子上无所不在。

一、棋盘

棋盘纵横交错，横10纵9，即棋盘由9条平行的纵线和10条平行的横线交错而成，交叉点有90个，棋子就放在交叉点上。纵为阳，横为阴。奇（单）数是阳，偶（双）数是阴。所以，纵线最多是9条（9是阳数中最大的），横线最多是10条（10是阴数中最大的）。

棋盘有64个方格，代表《易经》的64卦。把将（帅）等9子占据的底横线除外，一方有36个交叉点，两方共有72个交叉点，象征一年中的72候。

第5条横线与第6条横线之间的空白地带，称为"楚河、汉界"，简称"河界"，是红黑双方对峙的分水岭。棋盘以"河界"分为相等的两部分，为了方便比赛记录和学习棋谱，棋谱都是红方在下、黑方在上。红方用中文数字一到九，从右向左标记九条竖线；黑方则用阿拉伯数字1至9标记9条竖线。对弈开始前，红黑双方必须把棋子放在固定位置。

红黑方两端的中间，各有一个正方形的地方，即第四条竖线到第六条竖线之间的部位，与两条斜交线构成"米"字格的地方，称为"九宫"，它是将源于洛书的图案直接加入到棋盘，也就是红黑双方的指挥部。

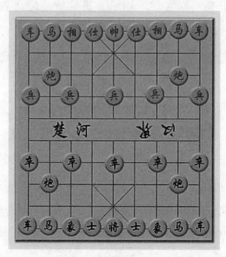

象棋棋盘

二、棋子

红方为"阳"，黑方为"阴"。帅是"阳"，将也是"阳"。将、帅各自只有一个，阴中有阳，阳中有阴。

将（帅）的位置在第一条横线和第五条纵线的交叉点，寓意"九五之尊"，象征前线部队的最高指挥官。士、相（象）、马、车、炮象征军队的五个兵种，都是2枚棋子，偶数为"阴"，主"配合"。"士"相当于统帅部的卫队，职责是防止敌方"斩首"，因此，士和将（帅）一样，活动范围仅限于指挥部"九宫"之内。如果说"士"是内卫部队，那么，"相"则是统帅部的外围机动部队，所以，"相（象）"是不能过河的。古代的战车大多是四匹马拉的，属于"重型装备"部队，没有骑兵（一人一马）那么灵活，故"车行直线马走日"。炮兵一般是掩护步兵冲锋的，因此，炮兵只是跟随步兵行动，处于步兵的后方。

兵（卒）是五枚棋子，奇（单）数为"阳"。象棋的七类棋子中，只有将（帅）和兵（卒）是"阳"，士、相（象）、马、车、炮都是"阴"。将（帅）只有1枚棋子容易理解，毕竟最高指挥官必须是一人！但是，为什么兵（卒）是五枚棋子呢？其实，《周易》讲的就是象、数、理。比如，我们看到一支解放军"队伍"走过来，我们为什么不说一支"队陆"走过来呢？道理很简单，一手能握住、能掌握的才是"队伍"，无法控制的还叫"队伍"吗？

象棋的棋子分为黑、红两色，黑色属性为水，红色属性为火，水火相生相克，变化多端，如同阴阳交织变化、错综复杂。棋子的整体形态为圆鼓形，中间刻有"车""马""炮"等方形汉字，所以棋子的形态又隐藏天圆地方的易学思想，黑红双方的棋子分别为16个，黑色棋子可以代表地，红色棋子可以代表天，16个黑色棋子代表地有16变，16个红色棋子代表天有16变。这与天四象乾震坎离四卦组成16变、地四象巽兑艮坤组成16变完全一致。另外，象棋的双方都有5个兵（或5个卒）代表金木水火土五行，双方都有"车、马、炮"代表着天、地、人三才，且个数皆为双数，又体现阴阳的性质。"车、马、炮"以进攻为主，那么"士、象"就以防守为主，一进一退也体现阴阳的性质。棋盘上的"楚河、汉界"把棋盘一分为二，代表太极生两仪。每方小格子共计32个，代表每方共有32个卦象，双方小格子共计64个，代表64个卦象。将帅居九宫与洛书九宫相对应。

象棋的布阵也很不简单，它反映的是一个古代战场，双方战前的排兵布阵一目了然地呈现在棋盘上，充满易经思维。将（帅）居九子底线之居中五位，象征九五之尊，并限制在九宫内活动，有运筹帷幄、决胜千里之意。战场上车马的威力较大，杀伤力居战场之首，却偏偏把它摆在偏僻的角落，这充分体现出《易经》"韬光养晦"的思想和"藏锋守拙"的理念。所谓"藏锋守拙"就是将锋芒隐藏起来，装出愚钝的样子，使别人不再把你当回事，而你在掩护下不断发展壮大。这既避免了"风催之"，又躲过了"枪打之"，在不声不响中，一切都在按照自己的意愿进展，这才是真智慧，才叫大智若愚。

象棋有六个兵种：士（内卫部队）、相（机动部队）、马（骑兵部队）、车（重型装备部队）、炮（炮兵部队）、兵（步兵部队）。六个兵种协同配合，才可发挥最强战斗力，寓意"六六大顺"。

象棋双方各有七种棋子，故又称"七类棋"。我们翻开《周易》，第七卦是师卦，讲的是"用兵之道"，而象棋则是"和平年代的战争"。老话说：逢七必变。一个星期为什么是七天呢？早在3000多年前，周文王在第24卦复卦就讲得很清楚，"七日来复"，这种提法比西方早了2000多年。

红黑双方各有16枚棋子，总计32枚棋子，16和32都是8的倍数，寓意圆圆满满。32子者，为64卦的一半，意指一半由人谋，一半在天也。

红黑双方的底线各有九枚棋子，寓意九九归一。

第三节　麻将中的易数

麻将是一项历史悠久的智力运动，在中国源远流长，几乎是家喻户晓，人人皆知。2017年4月，国际智力运动联盟宣布，麻将正式成为世界智力运动项目。

麻将

一提到麻将，很多人认为它是赌博工具，其实这是把麻将妖魔化了。麻将可以作为赌博工具，但它更是益智类的娱乐工具，打麻将能够治疗老年痴呆，这已经成为大家的共识。早在2017年，国际智力运动联盟就宣布将麻将正式列为世界益智类运动项目。其实，在工作之余家人们围坐在一起打麻将也是一种休闲娱乐方式。当然，不能利用麻将来赌博，赌博是要受到法律制裁的。

麻将，从字面上说，就是世间万事纷繁乱如"麻"，以理贯穿"将"由之。其实，人们常玩的麻将含着大智慧，它融会了《易经》五行八卦等传统文化，融合了天地人和的大道理，看似一种非常简单的娱乐工具，却暗喻纷繁复杂的深刻哲理。

36个万字牌，36个筒子牌，36个条子牌，共108个；然后东南西北中5个风向，加4个发财、4个白板，共28个；再加春夏秋冬、梅兰竹菊8个，一共144个。发现这些数有什么特点吗？古人用这些在突出《易经》。144张牌正好与坤策144相吻合，是讲外四方，所以麻将是四个人打的四方之牌。麻将里面的筒、条、万，加起来总数是108张，108是乾的三个爻策，如果与坤相合，就是地天泰或天地否。

筒代表天上的星辰，有36张，主要暗喻36天罡；条代表地上的山川河流，万代表人世间的人和事，条和万每类都是36张，在一起是72张，在这里主要暗喻72地煞。九在中国传统上是最大的数，所以筒、条、万最大的数都是9张，也暗喻了天、地、人三者合一，同时它们又是互相制约的。

常打麻将的人都知道，三分靠技术，七分靠手气。不来一手好牌，你也没办法。其实麻将的开牌过程是必然性的，但必然性中蕴藏很多偶然性，这些偶然性又蕴含在各种牌型变化中。所以，从麻将中看出，古人先贤已经把《周易》知识充分融入文化娱乐之中。

麻将也是古人为后人精心设计的一款八卦阵游戏。麻将开牌要用色子，常规的都是两个色子，而麻将都是四个人在打，四人各坐一方，四人在打牌过程中，扣牌、和（音胡）牌、截和等各种打法层出不穷。

麻将被设计成四人游戏，所以经常听到一句话叫"三缺一"，此话妇孺皆知，即缺一人。由此想到一个问题，既然麻将牌为三个一组（一坎），一副牌四组（四坎）加一对为和牌，那为何不设定为三人游戏？

麻将四个人打，与西方扑克四个人打不一样。扑克尤其是桥牌讲究两人的配合，有所谓的对家，而麻将是单打独斗，四个人都有机会和牌，讲究四方生财、四季平安。因此，"三缺一"不仅指缺一人，又暗含有少一坎牌的意思，缺一人不是一个完整的牌局，少一坎牌更不可能和牌。

四人之间互为依托，又互相制约。这也就体现了《易经》里面"太极生两仪，两仪生四象"的易理。而四象生八卦则体现在麻将里的数目和打牌过程中的演变。所以这种生动形象的麻将游戏，也淋漓尽致地体现"简易、变易、不易"的《易经》精髓。

之所以说体现了"简易"的精髓，就是顺子加刻子组成四坎牌再加一对，就可以和牌，看上去多么简单。

之所以说体现了"变易"的精髓，就是一百多张牌形成的变化组合是一个天文数字，在组合上几乎有无穷尽的变化，令人眼花缭乱。

之所以说体现了"不易"的精髓，就是无论有多少变化，牌的数量是不变的，游戏规则是不变的。

我们再来看所谓的"坎"，《周易·坎卦·象》曰："'习坎'，重险也。水流而不盈，行险而不失其信。维心亨，乃以刚中也。行有尚，往有功也。天险不可升也，地险山川丘陵也，王公设险以守其国，险之时用大矣哉！"此卦的寓意是人生无处不险，要在陷阱包围中突围出去，唯有用慎独之法，才能成就自己。

坎卦

同样，打麻将要跨越坎险，才能实现和牌的目标。所谓"四坎牌"，还有另一个寓意，就是要越过四个坎险，即天、地、人和自己，经历了这四个坎，就有和牌的基础，一对将牌就是阴阳，既过了坎又有阴阳平衡，那自然就和牌了。

　　麻将中不仅蕴含牌数所反映的文化现象，其真正内涵是在四人中玩牌时的斗智斗勇，打麻将时常常用到三十六计的一些计策。麻将里三十六计的应用和不停变化只体现在"人"的层面，而成牌里的顺子、刻子和四坎牌有着深厚的易理思想，都围绕数字的变化而产生变化。不仅如此，麻将里关于数字的所有解读都有其文化内涵的某种联系。

　　拿牌的时候，牌是散的，现象纷繁，世事如"麻"，系统是混沌状态；和牌的时候，系统是有秩序的集合状态。三张牌一组，如同三爻一卦，还暗喻三生万物，秩序被系统统领，"将"是统领的象征。因此，麻将是易学的系统论演绎。人的一生由混沌发现秩序，由秩序的必然王国进入个人意志的自由王国，便是成功的人生。

　　由于《易经》与麻将有紧密关系，有人便发明了易经麻将。易经麻将就是《易经》和麻将的结合物，基本还是传统麻将的玩法。它的特殊之处在于，牌面把传统的万、饼、条进行改进，分为天、地、人三种。天对应的是筒，原先的筒用太极图替代，并且每张牌都对应一个天干和五行属性；地就是条，在传统图案基础上融入八卦和九宫元素；人对应的是万，将万改为十二属相，增加了三张牌，同时融入地支和节气的元素。

　　易经麻将既反映出《易经》与麻将的密切关系，又通过这种形式增添了一种学习《易经》的好方法。

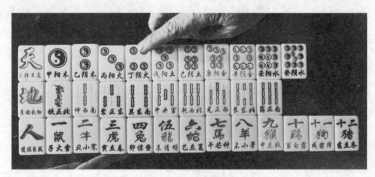

易经麻将图

第六章
易数与三十六计

三十六计指中国古代三十六个兵法策略，它是依据《易经》中的阴阳变化之理及古代兵家思想推演而成的。

《三十六计》开篇："六六三十六，数中有术，术中有数。"这里的"数"，不仅代表数字，还代表数量及从量变到质变的规律。紧接着又讲："阴阳燮理，机在其中。机不可设，设则不中。"这是讲三十六计与《易经》的关系，阴阳和谐，相反相成，机谋即在其中，不依人的主观愿望凭空设计，万事万物的形成与发展均有其规律。

《三十六计》按计名排列，共分六篇，即胜战计、敌战计、攻战计、混战计、并战计、败战计。前三篇是处于优势所用之计，后三篇是处于劣势所用之计。

第一节　胜战篇之易数

胜战计包括瞒天过海、围魏救赵、借刀杀人、以逸待劳、趁火打劫、声东击西六计。胜战，是在我强敌弱的条件下，谋算对手势力的变化，分清敌我情况后，进行区别对待。此篇计策要求我方在战前先具备胜利的条件、胜利的方案和胜利的把握。

一、第一计：瞒天过海

（1）计策原文解读

原文："备周则意怠，常见则不疑。阴在阳之内，不在阳之对。太阳，太阴。"

原文大意：防备得过于周密，容易松懈大意，司空见惯的事情就不会引起怀疑。阴计隐含在公开的阳谋之下，阴阳一体，天衣无缝。

（2）对应经卦及智慧

瞒天过海计对应《易经》中的第十二卦天地否卦。由阴爻与阳爻组成的六十四卦，若用二进制来表示，则0与1组成每一卦，阴爻用"0"来表示，阳爻用"1"来表示。否卦，从下往上、从初爻到上爻是（000111）。卦象就是阴在阳之内，上卦是乾卦、纯阳卦，下卦是坤卦、纯阴卦，纯阳属太阳，纯阴属太阴。

否卦卦象显示，阳气上升，阴气下沉，互不相通，天地阻塞。否，有"否定"与"闭塞"两种含义。阳谋已不能实施，这既体现了"否定"的意思，又因为阳谋受阻，表达了"闭塞"的意思。

否卦的内涵是否极泰来，当阳谋已"否"，无法继续施展，就要另外想招，阴计就应运而生，达到了柳暗花明的效果。表面上看，这种阴计似乎是偶然发生的，实则是事物发展的必然结果。这就是否卦要阐释的原则，物极必反是事物发展的规律所致，否极泰来的原理也在于此。

瞒天过海的"天"，在否卦上体现的是上卦，乾为天，阴谋藏在天之下，暗自发力，终可得逞。

（3）计策内涵

瞒天过海计是一种示假隐真的疑兵之计，它利用人们司空见惯的错觉、常见不疑的心理进行伪装，把真正的企图隐藏在有意暴露的事物中，以起到出其不意地制胜的效果。

否卦

（4）计策故事

唐太宗李世民于644年御驾亲征，30万大军直指高句丽。一天，大军到海边见白浪滔天，茫茫无际，唐太宗不免犯起愁来，心生退兵之意。前部总管张士贵的下属薛仁贵胸有成竹地说："这有何难，此处有一位仙人，可让三岳让路、江海开道。"后来，张士贵按照薛仁贵的计谋，将唐太宗引到一个由帷幔遮蔽的通道，来到一处华丽的小殿堂，殿堂内，大臣们已经在里面等候。太宗十分高兴地召见这位仙人，赐宴群臣，并与仙人共饮。一段时间后，突然狂风四起，殿堂也摇摇晃晃，大宗一脸茫然，这时张士贵如实向太宗说了薛仁贵的计谋，现在他们已经航行到大海上，并将安全靠岸。

二、第二计：围魏救赵

涣卦

（1）计策原文解读

原文："共敌不如分敌，敌阳不如敌阴。"

原文大意：进攻敌人兵力集中的部位，不如打击敌人兵力分散的部位；攻击敌军的阳刚部分，不如攻击敌人的阴弱部分。

（2）对应经卦及智慧

围魏救赵计对应《易经》中的第五十九卦风水涣卦（010011），涣卦的卦象是风在水面，将水吹散。

涣卦上卦为巽，为风；下卦为坎，为水。涣，有融解破裂、离散的意思。

此计强调，一方面，要想方设法将敌人的兵力分散，各个击破，分而歼之；另一方面，要找出敌人的薄弱之处，避其锋芒，攻其阴弱，从而取得最后胜利。

涣卦也在阐释如何挽救涣散。对自己阵营出现的涣散之状、离心离德之态，要及时整治，严肃政风政纪，严肃军风军纪，以整风肃纪的决心，严肃纪律，统一思想，使内部团结，大局稳定。这样，才能一致对外，使国家长治久安。

第二计对应第五十九卦涣卦，它们的内在联系为都要将事物散开，风在上，水在下，风吹水散，寓意形象生动，涣散之意跃然纸上。

（3）计策内涵

围魏救赵计以逆向思维的方式，以表面看来舍近求远的方法，绕开问题的表面现象，从事物的本源上去解决问题，从而取得一招制胜的神奇效果。

（4）计策故事

前354年，魏国将领庞涓奉魏惠王的命令攻打赵国都城邯郸，邯郸危在旦夕。赵国急忙向齐国求助，齐威王派田忌为将军，孙膑为军师，带兵救赵国。孙膑给田忌献策说，如今魏国精兵包围邯郸，自己国内肯定只剩老弱残兵，我们不如去攻打魏国都城大梁，庞涓收到消息必定会急急忙忙回救大梁，我们可以在半路伏击，这样既解了邯郸之围，又能乘魏军疲惫的时候将他们打败。田忌用了孙膑的计谋，庞涓果然中计，在桂陵（今河南长垣西北）遭到齐军伏击，溃不成军，大败而归。

三、第三计：借刀杀人

（1）计策原文解读

原文："敌已明，友未定，引友杀敌，不自出力，以《损》推演。"

原文大意：敌方情况已经很清楚，而盟友态度还很模糊，应引导盟友站出来杀敌，不必自己出力，这是根据《周易·损卦》推演出的道理。

损卦

（2）对应经卦及智慧

借刀杀人计对应《易经》中的第四十一卦山泽损卦（110001）。损卦的卦象，上卦为山，下卦为泽。损，减损，说明损与益的对立关系，暗含损与益的转化可能。

损卦，上为艮，艮为山；下为兑，兑为泽。上山下泽，有大泽侵蚀山根之象。损卦有减损之义。

从逻辑推演来看，损卦至少阐释三方面的关系：

第一，为了减少己方损失或不出力而获得最大的利益，竭力设法诱使尚在犹豫之中的盟友去攻打敌人，借盟友之力战胜对手。

第二，在不得已的情况下，适当减损或放弃部分利益，去求更大或更多的利益。

第三，损卦与益卦互为综卦，即损卦的爻位上下倒过来是益卦，益卦的爻位上下倒过来是损卦，损益之间关系非常微妙，损益之间是可以转化的。所以，在借盟友之刀时要适可而止，不能一味追求自己的利益而出卖盟友，使朋友反目成仇，否则将给自己带来更大损害。

损卦这种特性，不是一般意义上的损人利己，是在不得已情况下适当减损或放弃部分利益，去追求更大或更多的利益，损卦的卦义是为国家政权角逐和用兵之道服务的，绝不涉及一般人与人之间的道德问题。

（3）计策内涵

借刀杀人计比喻自己不出面，借别人的手去战胜对手。

（4）计策故事

春秋末期，齐国的田常准备作乱，为了让群臣信服，他准备去讨伐鲁国，来获取名声，得到支持。子贡为了救鲁国，奔走于齐、吴、越、晋。

子贡来到齐国，用"忧患在内部应该进攻强国，忧患在外部则应该进攻弱国"的格言，说服田常转攻吴国，田常认为他已对外说攻打鲁国，转攻吴国不合适，子贡说他会去说服吴国出兵帮助鲁国攻打齐国，给他攻吴的理由。

子贡来到吴国，跟吴王说齐国攻打鲁国是公然与吴国争强，吴国出兵救鲁，可以名显诸侯，讨伐齐国又可获得大利。吴王夫差被子贡说服，但他担心越王勾践会乘机报会稽之仇（即卧薪尝胆典故），子贡说他会说服越王出兵随吴国一起攻打齐国。

子贡来到越国，对越王说："假如本来没有报仇复国之心而被对方怀疑，这是笨拙的表现；假如有报仇复国之心而被对方识破，就面临危险了；密谋未及实施而先走漏风声，危机也就降临了。"他献策越王，出兵假装帮助吴国攻打齐国，如果吴国败，越国可以乘机攻打吴国，如果吴国胜利，吴国必定威胁到晋国，他去说服晋国攻打吴国，越王接受了子贡的提议。

子贡来到晋国，跟晋王分析目前形势，建议晋国修好战具，修养士卒，如果吴国取胜则乘着疲惫之际进攻，可灭其势。

子贡完成他穿梭的外交，回到鲁国，静待大国相争。吴国果然挥军北上，与齐国作战，并打败了齐国，威胁到了晋国，于是晋国出兵攻打吴，吴军大败，越王乘机袭击吴国。《史记》曰："子贡一出，存鲁，乱齐，破吴，强晋而霸越。"

四、第四计：以逸待劳

（1）计策原文解读

原文："困敌之势，不以战；损刚益柔。"此计对应《易经》第四十一卦山泽损卦（110001）。

原文大意：使敌人陷入困境，不一定都要通过使用武力，只要能将敌方的锐气消耗，己方力量也就增长了。

（2）对应经卦及智慧

"损刚益柔"出自《周易·损卦·彖》，这里的"刚"指敌军力量貌似强大；"柔"指我军得以休养生息，恢复饱满的精神状态和充分的物质准备，以柔克刚，必击溃疲劳之师。

损卦

其实，损卦由泰卦（乾下坤上）变化而来，即由泰卦的九三阳爻变阴爻、上六阴爻变阳爻，成为损卦，这是损乾益坤、损刚益柔的结果。以逸待劳、损刚益柔有三个要点：

第一，用柔的方法可以损刚。不断骚扰敌人，瓦解敌人的士气，把敌人拖垮，使敌人处于衰败状态，以极小的代价，取得最大的收获。

第二，有舍才有得。在战争中，己方同样存在损刚益柔的情况，实施战术时只有舍弃一些眼前的利益，才能赢得全局胜利。

第三，有付出方能待劳。逸，不是躺在床上等着享受胜利成果，而是要经过大量精心准备，先敌一步，掌握主动，这种效果是经过艰苦卓绝努力实现的。

（3）计策内涵

以逸待劳计是指在作战时采取守势，养精蓄锐，待敌方疲惫不堪时相机出击以取胜。

（4）计策故事

春秋时期，晋国与楚国经常因为争夺对郑国的控制权而交战，郑国也因为楚国的力量而得以与晋国相抗衡。晋悼公采用知武子的计谋，先削弱楚国的力量，再获取郑国的控制权，于是将晋国军队分成三部分，动用一部分与楚交战，采用敌进我退、敌退我进的疲劳战术，使楚军疲于奔命。周而复始，结果楚军战斗力大大下降，最终放弃郑国的控制权。

五、第五计：趁火打劫

（1）计策原文解读

原文："敌之害大，就势取利，刚决柔也。"

央卦

原文大意：当敌人陷入严重的危机之时，应该趁局面混乱换取利益。一定要利用他慌乱的时候进攻到底。"刚决柔也"出自《周易·央卦·象》。

（2）对应经卦及智慧

这一计对应的是《易经》央卦（111110），为第四十三卦。央卦有五个阳爻，仅一个阴爻，阳多阴少，刚众柔弱，刚能决胜于柔。央卦，上卦为兑，为泽；下卦为乾，为天。央，就是决断的意思。

从央卦的卦象看，刚强的优势明显。五个阳爻傲立，体现一种无坚不摧、战无不胜之势，象征有强大的势力。这种优势喻示所对付的敌人将除之不难，决之也易。

本计的要点：

第一，决策要果断。有了刚决柔、强打弱的条件，要抓住有利时机，果断决策，迅速出击，否则机会将稍纵即逝，后悔莫及。

第二，要小心柔中带刚。央卦仅有上六为阴爻，似乎软弱无力，不堪一击。但要防止阴柔中的居心叵测、阴险毒辣，要有追穷寇的决心，乘势而为，夺取最后胜利。

（3）计策内涵

"趁火打劫"一词，现在往往带有贬义，有乘人之危、获取不当利益之意，但作为用兵之道，无异于是乘胜取胜之计。

（4）计策故事

越王勾践对吴王卑躬屈膝，怂恿吴王救鲁伐齐，并拨出精兵三千随吴王伐齐。待晋国打败吴国后，勾践毫不犹疑，发兵突袭守备空虚的吴国，吴王被越王抄了后路，急忙回援，但吴国将士长期征战在外，又长途跋涉，根本无法抵抗越军，最终吴被勾践灭。

六、第六计：声东击西

（1）计策原文解读

原文："敌志乱萃，不虞，坤下兑上之象，利其不自主而取之。"

萃卦

原文大意：敌人神志混乱，无法判断，用萃卦之象，顺应事理，利用敌人混乱的时机将其消灭。

（2）对应经卦及智慧

这一计对应《易经》第四十五卦泽地萃卦（000110），上卦为兑、为泽，下卦为坤、为地。其内在联系取萃卦的初六爻，《象》曰："乃乱乃萃，其志乱也。"面对敌人，最好的方法就是把对方搞乱，趁乱而声东击西，而声东击西其志更乱也，这样打仗，取胜就指日可待。

萃卦的卦象为地上有泽，万物萃聚，一派祥和之象。所谓乱萃，就是将敌方的大好形势搞乱，迫使敌人神志慌乱，使其对战场形势不能作出正确的判断，这样有利于我方用声东击西的战术迷惑敌方，取得战略场上的胜利。

从另一个角度分析，萃卦的卦象为四个阴爻将两个阳爻包围，如果任其发展，则有泽淹大地、洪水横流之象。它在警醒人们，用乱萃之法时要把握一个度，讲究方式方法。"声东"时能以假乱真，"击西"时以真当假，千万不能弄巧成拙，让敌方识破我方计谋。

萃，有聚集的意思。在使敌方乱萃的过程中，我方要体现萃的法则，聚集力量，团结一致，为共同的目标努力。

（3）计策内涵

声东击西计，是一种制造假象以迷惑对手的出奇制胜的战术。

（4）计策故事

楚汉相争时，刘邦派大将韩信去攻魏王豹，魏王豹派柏直为大将，率军在黄河东岸蒲坂驻守，封锁渡口。韩信发现蒲坂易守难攻，表面装作调兵遣将强行渡河，暗地命主力部队从夏阳渡河直捣安邑，消灭了魏王豹大部分兵力。

第二节　敌战篇之易数

敌战计包括无中生有、暗度陈仓、隔岸观火、笑里藏刀、李代桃僵、顺手牵羊六计。敌战，是在敌我双方对峙的情况下，有意识地主动创造有利于我方的条件和时机，造成敌方错觉，使之处于被动并受制于我。此篇计策要求对敌情有充分了解，把握战争的主动权。

一、第七计：无中生有

（1）计策原文解读

原文："诳也，非诳也，实其所诳也。少阴、太阴、太阳。"

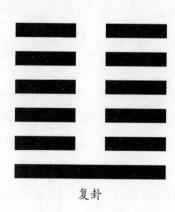

复卦

原文大意：用大大小小的假象去掩护真相，让欺骗变成真的。就像复卦一样，由少阴变太阴，再变为太阳。

（2）对应经卦及智慧

此计对应《易经》第二十四卦地雷复卦（100000）。太阴下复生一阳，且逐渐变为少阴，再变为太阳。诳者骗也，既诳又非诳，这本身就是一种诳，实质还是诳。复卦下卦呈少阴之状，既非纯阴之太阴，更非纯阳之太阳，但少阴可由"无"之太阴向"有"之太阳转化，就像复卦，初九往上变爻，直至第六个爻变为上九，就是太阴之变，就是"有"之变。

复卦一阳在下，五阴在上，由剥卦发展而来，体现了剥极必复的自然规律。本计的要点：

第一，有了"无"，"生有"才有前提基础。从复卦的卦象上看，除了第一个爻是阳爻，其他五个全是阴爻，充分反映了"无"的状态。

第二，不能因为"无"，就可以肆意"生有"。"诳也，非诳也"，虚假之事，又非虚假之事。这个"有"，必须具备一定真实性，让敌方感到这个"有"是符合逻辑的。如果胡吹乱编一通，敌方感到不可信，"生有"就失去意义，反而让敌方利用此计，使我方遭受损失。

第三，"生有"不能长期使用，长期使用容易被对方发觉。从复卦所阐释的规律来说，一阳会逐渐发展壮大，虚的将变实，阴的将成阳。

（3）计策内涵

无中生有：指本来没有却硬说有，凭空捏造。

（4）计策故事

唐代令狐潮包围了雍丘城，雍丘守将张巡把千余个披着黑衣的草人乘夜用绳子放到城下，令狐潮部将发觉以后，以为城内出兵偷袭，纷纷放箭，张巡因此获得数十万支箭。此后，张巡又趁夜把将士放到城下，令狐潮部将发觉后，讥笑张巡故伎重演，不做戒备。张巡以敢死之士五百人杀奔令狐潮营垒，焚毁营垒，追杀十余里而还。

二、第八计：暗度陈仓

（1）计策原文解读

原文："示之以动，利其静而有主，益动而巽。"

　　原文大意：有意把自己的佯攻行动展示给对方看，利用敌方固守不动的时机，暗地里实行真实行动。

益卦

　　（2）对应经卦及智慧

　　此计对应《易经》第四十二卦风雷益卦（100011）。益卦的卦象为风雷激荡，寓意运动是天地间的正道。其内在联系在于"益动而巽，日进无疆"，语出《周易·益卦·象》。暗度陈仓是暗动，明修栈道是明动，其行动的一致性，正是益卦顺其上下自然而动，则日益前进且前途无量的核心思想。

　　益卦，上卦为巽，为风；下卦为震，为雷。风雷激荡，风声雷声，雷助风力，其势愈增。

　　雷亦为震动，充分体现"示之以动"的原意。所谓"动"，就是故意在敌人面前行动，把作战意图毫不掩饰地暴露出来，动作之大，声势之广，使人不得不信。

　　巽亦为木，木与震相比，它是静止的，充分体现"利其静而有主"的原意。所谓"静"，不是停止不动，无所作为，而是暗地里行动。将这种行动藏在表面声势浩大的动作后面，不露声色地完成既定目标。

　　"暗度"之战能够成功，就是将"静"的功夫做到极致，而真正给敌方一种误判，是由于"动"的功夫太真实。因此，"明修"时必须是真的在修，不是做做样子，从而确保"暗度"目标的实现。

（3）计策内涵

暗度陈仓计，比喻表面上迷惑对手，暗地里采取行动。此计为"明修栈道，暗度陈仓"之简化。

（4）计策故事

项羽率领诸侯灭秦的时候，按当时楚怀王和诸侯的约定，先入关中者为王。刘邦当时先入了关中，但项羽实力强大，岂肯把土地肥沃、险塞环绕的关中拱手让给刘邦？于是项羽不顾约定，自封为西楚霸王，封刘邦为汉中王，建都南郑。刘邦知道现在还不是项羽的对手，便忍气吞声，前往汉中。为了防止诸侯尾随偷袭，也为了让项羽相信自己没有东归之意，一路烧毁通往汉中的栈道。后刘邦实力强大后，开始逐鹿中原，为将项羽的关注点转移，刘邦故意安排一批军民去修复被烧毁的栈道。他则率领主力从小道出陈仓，神奇般地出现在敌人面前，大败章邯。

三、第九计：隔岸观火

（1）计策原文解读

原文："阳乖序乱，阴以待逆。暴戾恣睢，其势自毙。顺以动豫，豫顺以动。"

豫卦

原文大意：在敌人内部矛盾公开化、走向分崩离析之时，暗中等待他们的局势不断恶化。等到敌人肆行无忌、自取灭亡之时，再顺势而动，坐收渔人之利。

（2）对应经卦及智慧

此计对应《易经》第十六卦雷地豫卦（000100）。"顺以动豫，豫顺以动"，出自《周易·豫卦·彖》。隔岸观火与豫卦的内在联系在于"顺以动豫，豫顺以动"，也就是顺时而动，顺其自然。豫卦的九四爻，一阳将上、下卦分隔，形成两岸之势。豫卦，下坤上震，坤为顺，震为动。本计原文中的"阳"与"阴"，指敌我双方两种势力。用好这一计，要掌握以下三个要点：

第一，正确判断敌方已"阳乖序乱"，要看到敌方内部存在的矛盾，并有不断激化的可能。

第二，要利用好敌方的矛盾，使敌方能"阴以待逆"，静观以待其发生大变乱。

第三，要顺势而为，不可操之过急。豫卦下坤为顺，不能过早地强行介入，要以观为主，一切要等待形势成熟，才能体现豫卦所要求的"顺以动豫，豫顺以动"。在这里，"顺"指坤在下，"动"指震在上，豫卦的意义是顺时而动，这样才能达到豫卦所说的令人喜悦的境地。

（3）计策内涵

隔岸观火计，比喻对别人的危险置身事外，袖手旁观，伺机牟利。

（4）计策故事

战国时期，韩、魏两国连年交战。秦惠文王想从中调解，他把自己的打算告诉给大臣们。大臣们有的赞成，有的反对，秦惠文王也拿不定主意。这时，正巧陈轸来到秦国，秦惠文王便向陈轸请教。陈轸想了一下，问大王知不知道卞庄子刺虎的故事。有一次，卞庄子发现两只老虎在争相撕食一头牛。他抽出宝剑想去刺虎。一个僮仆阻止了他，说："两只老虎正在吃牛，尝出美味来就一定要争夺，争夺就一定要互相厮杀，结果是力气大的老虎受伤，力气小的老虎死亡。然后你再去追赶受伤的老虎，把它刺死。这样，你就可以一举而获得两只老虎了。"卞庄子认为僮仆的话有道理，便站在那里等待老虎争斗。过了一会儿，两只老虎果然厮打起来，力气大的老虎受了伤，力气小的被咬死了。卞庄子追赶受伤的老虎，终于刺死了它。现在韩、魏两国相互争战，长年相持，不分胜负，这样下去，结果一定是强国受损而弱国失败。而后再出兵进攻受损之国，就可以像卞庄子刺虎那样，一举从两国得到好处。这就叫"坐山观虎斗"。惠文王认为陈轸说得很有道理，于是，他继续缓兵待机，坐山观虎斗。后来魏国与韩国果然两败俱伤。秦国发兵进攻魏国，取得大胜。

四、第十计：笑里藏刀

（1）计策原文解读

原文："信而安之，阴以图之；备而后动，勿使有变。刚中柔外也。"

原文大意：要让敌人自以为安如泰山，自己则在暗地里进行对敌的准备，一旦准备成熟就开始行动，绝不给对方应变的机会。在用计的过程中，要保持表面上的恭顺，但内心须坚定刚毅。

（2）对应经卦及智慧

此计对应《易经》第三十一卦泽山咸卦（001110）。《象》曰："柔上而刚下，二气感应以相与，止而说。"咸卦外面三个阴爻，温柔顺从，满面笑容，卦内三个阳爻，刚劲有力，磨刀霍霍，充分体现出笑里藏刀的状态。

咸卦，上卦为兑，为泽，为阴；下卦为艮，为山，为阳。咸，感也。

咸卦的"刚中柔外"在本计有充分体现。

本计的要点：

第一是笑。所谓"笑"，就是外在和善的表现。笑必须自然真实，掌握分寸，使敌方"信而安之"，尽量发挥"柔"的动能，以柔示善，以善惑敌，让敌人在友好、安逸的气氛中丧失战斗力。

咸卦

第二是藏。所谓"藏"就是将真实意图隐藏起来。既然是"柔上刚下"，就要把刀好好藏在笑里，千万不能暴露出来，以防此计被敌人识破。还要磨好刀，以便随时拔刀而起，直击要害。

第三是快。所谓"快"，就是一旦准备到位，条件成熟，就要发挥"刚"的作用，用强硬的手段攻击敌人，使敌人猝不及防，迅速解决战斗。

（3）计策内涵

笑里藏刀计，比喻表面和善，内心险恶。

（4）计策故事

三国时期，关羽镇守荆州，荆州战略位置十分重要，东吴觊觎已久，此时东吴派往镇守陆口的是青年将领陆逊，他深藏不露，对关羽毕恭毕敬，百般恭维，极尽和平友好，暗地里却厉兵秣马，虎视眈眈。关羽被陆逊的外表迷惑，不把他放在眼里，认为江东无虑，布置好这里的防护后就带兵北上，后东吴率兵直取荆州，关羽闻讯，赶回荆州，但为时已晚。这就是大意失荆州的典故。

五、第十一计：李代桃僵

（1）计策原文解读

原文："势必有损，损阴以益阳。"

损卦

原文大意：月盈而缺，水满则溢，有失才有得，放弃那些无关紧要的东西，用以促进关键要素的发展。

（2）对应经卦及智慧

此计对应《易经》第四十一卦山泽损卦（110001）。《象》曰："损益盈虚，与时偕行。"损卦的卦象是三个阳爻包围三个阴爻，侵蚀阴爻的利益，舍弃阴爻所得，从而壮大阳爻，达到"损阴以益阳"之目的。僵，枯死。李树代替桃树而死，本意是指兄弟互相爱护、互相帮助，用到军事上，则是敌我双方势均力敌或在敌优我劣的形势下，要善于以局部的损失或牺牲来换取整体的收获或胜利。

损卦，上为艮，为山；下为兑，为泽。上山下泽，有大泽侵蚀山根之象。前面已经说到过损卦，它又出现在本计中，再次说明适当减损的重要性：

第一，要正确判断形势。当局势发展到不可控制或损失已不可避免的时候，要清醒认识现实状况，不能死撑硬打，只有改变战略战术才能变被动为主动。

第二，该舍则舍。形势发展到"势必有损"的局面时，就须忍痛割爱。而这个"爱"既是自己所爱，更是敌方所爱，割去最有价值的"爱"，才能发挥最大的作用。

第三，要把"益阳"最大化。"损阴"的目的是"益阳"，那就要努力去获得最大利益，这样才能将失去的利益弥补回来，从而使全局得到增益。

（3）计策内涵

李代桃僵计，用来表示互相顶替或代人受过。

（4）计策故事

战国中期，秦惠文王派张仪出使韩国，策动联韩击楚。韩王决定在两强中间严守中立，没有答应与秦联合攻楚。秦王为此非常恼火，认为韩国这是有意保留势力，要坐山观虎斗。于是，秦国在前317年出兵征伐韩国。

韩军节节败退，韩王异常焦虑。这时韩国宰相韩月自告奋勇，愿意亲自出使秦国，以割让一座名城给秦国为代价，换取秦国同意联韩攻楚。

楚怀王听到韩国要与秦国联合攻楚，采纳了策士陈轸的建议，先是调兵遣将，充实边防，然后派了一位能言善辩的特使去韩国，带了许多贵重礼物送给韩王。韩王大喜，于是放弃了联秦攻楚的主张，不让韩月出使秦国。

秦惠文王听说韩国又和楚国联合抗秦，勃然大怒，认为韩国出尔反尔，不守信用，遂大举进攻韩国，而楚国只在边界做做样子，并不是真的帮韩国抗秦。

经过几场战斗，秦国终于歼灭韩国的主力，使韩国成了秦国的附庸国。但由于秦国也消耗了不少的人力物力，也没敢再攻打楚国。

六、第十二计：顺手牵羊

（1）计策原文解读

原文："微隙在所必乘；微利在所必得。少阴，少阳。"

原文大意：有机可乘，微小的漏洞都要利用，再小的利益都要争取，把敌方小利变成我方之利，亦属意外之喜。

（2）对应经卦及智慧

此计对应《易经》第三十一卦泽山咸卦（001110）。《象》曰："二气感应以相与。"咸卦，上卦为泽，为兑，为少阴；下卦为山，为艮，为少阳，符合"二气感应以相与"之象。将少阴之利顺手一牵，实属壮大了少阳。

咸卦

咸卦前面已讲过，又出现在本计中，这是突出"感"的特点：

第一，能感知到"微隙所在"。咸卦的核心思想是感应，我们要感知到"羊"在哪里，及时发现敌方漏洞。金无足赤，人无完人，任何事物总有不完善的地方，总会出现漏洞和失误，如能发现并加以利用，就是一头"肥羊"。

第二，"微利所在"亦不弃。敌方出现的微小漏洞，必须及时利用；发现微小的利益，也要争取，不可舍弃。不要认为利小就不屑一顾，集多次少胜就能成就大胜。

第三，"顺手"是要点。小利终归是小利，不能代替自己的主要目的。只有在不影响主要目的实现的前提下，才能顺手取意外之利，否则会因小失大，得不偿失，捡了芝麻丢了西瓜。

（3）计策内涵

顺手牵羊计，意为我方要善于捕捉时机，变敌方的疏漏为我方小的得利。

（4）计策故事

春秋时期，晋国对虢国垂涎已久，但中间隔着虞国。后来，晋献公听从大臣的意见，送了美玉、骏马给虞国国君，请他借道，虞国答应了晋国的请求。晋国因此率军灭了虢国，班师回国途中，又趁虞国不备，顺手牵羊，灭了虞国。

第三节 攻战篇之易数

攻战计包括打草惊蛇、借尸还魂、调虎离山、欲擒故纵、抛砖引玉、擒贼擒王六计。攻战，就是在进攻状态下进行的战斗，是我方主动出击，对敌处于一种攻势的情形。

一、第十三计：打草惊蛇

（1）计策原文解读

原文："疑以叩实，察而后动；复者，阴之谋也。"

复卦

原文大意：有疑问就要侦察核实，调查清楚之后再行动，反复试探是对付敌人的积极手段。

（2）对应经卦及智慧

此计对应《易经》第二十四卦地雷复卦（100000）。《象》曰："动而以顺行，反复其道。"复卦，仅初九一阳生，面对五个阴爻，只有不断、反复试探，才能确保一阳形成燎原之势，取得最后胜利。复卦此前也已见过，在本计中又出现，这是"复"之要义。

本计的要点：

第一，真相不明就应查实。敌人深藏不露，情况不利，不可贸然进攻，只有查明真相，了解真实情况，才能避免冒进，减少不必要的损失，确保战斗的胜利。

第二，侦查手段要"反复其道"。复卦的要义是反复、重复，这要求我们在实施侦查过程中要十分有耐心，反复了解敌情，反复试探真假。

第三，要分清"草"与"蛇"。"草"与"蛇"是性质不同却相互联系的两个事物。"草"暴露在外，"蛇"藏于"草"中。打草的目的是将信息传递给"蛇"，让"蛇"暴露在光天化日之下，将"蛇"引出来，将其消灭。

"打草惊蛇"一词还有另外的解释，就是在对敌行动中不小心惊动了敌人，致使行动处于被动或失败。还有就是故意打草而将蛇惊走，达到间接驱赶的目的。

（3）计策内涵

打草惊蛇计，指主动或被动的行动，引起对方的察觉。

（4）计策故事

南唐时，有一个名叫王鲁的人，在衙门做官的时候，常常接受贿赂，不遵守法规，因而引起民愤。有一天，有人递了一张状纸到衙门，控告王鲁的部下违法、接受贿赂。王鲁一看，状纸上所写各种罪状与平日自己的违法行为一模一样，他惊慌得直发抖，心想："这……这不是在说我吗？"王鲁愈看愈害怕，都忘记状纸要怎么批了，居然在状纸上写下了八个大字："汝虽打草，吾已惊蛇。"

二、第十四计：借尸还魂

（1）计策原文解读

原文："有用者，不可借；不能用者，求借。借不能用者而用之。匪我求童蒙，童蒙求我。"

蒙卦

原文大意：凡是那些看上去有用的东西，往往不容易得到；而那些看似无用的东西，总是送上门来让你得到。把看似不能用的东西为己所用，变为不是我求对方，而是对方有求于你。

（2）对应经卦及智慧

此计对应《易经》第四卦山水蒙卦（010001）。《周易·蒙卦》曰："匪我求童蒙，童蒙求我。""匪我求童蒙，童蒙求我"，不是我求助于愚昧之人，而是愚昧之人有求于我。蒙卦，下坎上艮，坎为水，为险；艮为山，为止。蒙卦有蒙昧、启蒙之意，本计用的是愚昧之意。

本计的要点：

第一，要善用无用之用。善于发现"无用"的东西所隐含的价值，而这种价值敌人是看不见的，因而在用的时候就不含任何阻力和障碍。把"无用"的东西加以利用，让自己获得最大利益，这是一种智慧。

第二，不用有用者。明显有价值的东西，不易借用，也往往难以驾驭和控制，不大可能为我所用。如果强制去用，效果会适得其反，反而坏了自己的大事。

第三，所借之"尸"要符合常理。不是任何无用的东西都能成为可借之"尸"，能借之"尸"既要对自己有价值，又要使敌方相信它的真实性，做到"匪我求童蒙，童蒙求我"，让敌人有求于你。

（3）计策内涵

借尸还魂计，比喻已经没落或死亡的东西假托别的名义重新出现。

（4）计策故事

234年，诸葛亮率领蜀军六出祁山，但由于操劳过度，不久便病死军中。临终前，他担心魏军得知自己的死讯会大举围攻蜀军，所以嘱咐将领隐瞒自己的死讯，并按自己的老办法撤军。

天亮后，探子报告司马懿："诸葛亮已死，蜀军全部拨寨启程。"司马懿连忙亲率军队追赶蜀军，树影中飘出中军大旗，数十员战将拥出一辆四轮车，诸葛亮端坐车上，司马懿一见赶紧下令收兵，而蜀军见状也匆匆按原路撤退。

过了很久，司马懿才接到探报说诸葛亮确实已死，刚才坐在战车上的是木雕的塑像。司马懿后悔莫及，叹道："诸葛亮虽然死了，但我还是中了他的借尸还魂之计啊！"

三、第十五计：调虎离山

（1）计策原文解读

原文："待天以困之，用人以诱之，往蹇来返。"

原文大意：用有利的天时困住敌人，用人为的假象引诱敌人，将敌方诱导至不利环境中，一举歼灭。

（2）对应经卦及智慧

此计对应《易经》第三十九卦水山蹇卦（001010）。《周易·蹇卦》初六

蹇卦

曰："往蹇来誉。"蹇卦的"往蹇来返"，体现在前进很困难的情况下，"困之""诱之"更胜一筹，设法让敌人出来，调虎离山方为上策。蹇卦，上坎下艮；坎为水，为险；艮为山，为止。蹇，险难之意。

本计的要点：

第一，面对劲敌，不能强攻。敌人势力强大，又占有地形地貌的优势，可谓地利人和。在这种情况下，我们不能正面强攻，不能硬碰硬，要等待有利的天时来困住敌人。所谓"天时"，就是我们对天、地、人进行正确分析后，做出最佳的方案，或称擒敌的最佳时机。

第二，主动诱敌，方为上策。将敌人引出来，使其失去地形优势，失去赖以生存的环境。如同将老虎诱离深山，没有了山势作为依托，其威力大减，可趁机捕杀。调虎离山既可以将虎消灭，又能占领虎山，可谓一举两得。即便不能将老虎彻底消灭，也能把老虎赶跑，占领虎山，亦不失为一大战绩。

（3）计策内涵

调虎离山计，指用计谋将对方离开原来的地方，以达到对己方有利的目的。

（4）计策故事

东汉末年，军阀并起，各霸一方。孙坚之子孙策年仅17岁，年少有为，继承父志，势力逐渐强大。199年，孙策欲向北推进，准备夺取江北庐江郡。庐江郡南有长江之险，北有淮水阻隔，易守难攻。占据庐江的军阀刘勋势力强大，野心勃勃。孙策知道，取胜的机会很小。他和众将商议，定出一条调虎离山的妙计。针对军阀刘勋极其贪财的弱点，孙策派人给刘勋送去一份厚礼，并在信中把刘勋大肆吹捧一番。信中说刘勋威名远播，令人仰慕，并表示要与刘勋交好。孙策还以弱者的身份向刘勋求救。他说，上缭守将经常派兵侵扰我们，我们力弱，不能远征，请求将军发兵降服上缭，我们感激不尽。刘勋见孙策极力讨好他，万分得意。上缭一带，十分富庶，刘勋早想夺取，今见孙策软弱无能，免去了后顾之忧，决定发兵上缭。部将刘晔极力劝阻，刘勋哪里听得进去，他已经被孙策的厚礼、甜言迷惑住。孙策时刻监视刘勋的行动，见刘勋亲自率领几万兵马去攻上缭，城内空虚，心中大喜，说："老虎已被我调出山，我们赶快去占据它的老窝吧。"于是，立即率领人马，水陆并进，袭击庐江，几乎没遇到顽强的抵抗，就十分顺利地控制了庐江。刘勋猛攻上缭，一直不能取胜，突然得报，孙策已取庐江，情知中计，后悔已经来不及，只得灰溜溜地投奔曹操。

四、第十六计：欲擒故纵

（1）计策原文解读

原文："逼则反兵，走则减势。紧随勿迫，累其气力，消其斗志，散而后擒，兵不血刃。需，有孚，光。"

原文大意：面对败敌，过分追击只会招致他们的拼死一搏，让他们在败走中自然失去锋芒。紧紧跟随但不逼迫，耗费他们的气力，消磨他们的斗志，趁他们人心涣散时加以擒获，就能起到兵不血刃的效果。要有耐心，不要急于求成。

（2）对应经卦及智慧

此计对应《易经》第五卦水天需卦（111010）。《周易·需卦》曰："有孚，光亨，贞吉。"需卦的卦象是大雨即将来临。需，等待。孚，诚心。光，广、广大。整句的意思是只要善于等待，真心诚意，自然会有好结果。

需卦

本计的要点：

第一，纵是为了擒。纵，不是将敌人一放了之，而是要将敌人拖垮。让敌人逃走，既是体力上的消耗，也是精神上的消耗，待他丧失了反抗能力，便可将其手到擒来。如果在敌人尚有余勇之时擒拿他，则他仍有反抗能力，很可能拼个鱼死网破。

第二，纵是为了多擒。"多擒"有两层含义：一是一人被多次擒获；二是擒拿多人。要实现"多擒"，就不能只顾眼前利益，要看到长远利益，主动放弃小胜，去夺取大胜。放长线钓大鱼就是这个道理。

第三，纵须能掌控。所谓"掌控"，就是纵后能收回，纵的潜台词是收。故纵的"故"，就充分表达一切尽在掌控之中的状态。故意放松，使敌人不加戒备；故意放走，使敌人麻痹大意。在战争中如能做到运筹帷幄、放纵自如，就能取得最后胜利。

（3）计策内涵

欲擒故纵计，指想要擒住对手，却又故意放纵对手，最终将其制服，以达到自己的目的。

（4）计策故事

诸葛亮七擒孟获，是军事史上欲擒故纵的绝妙战例。蜀后主建兴三年（225年），蛮王孟获起兵十万反蜀，建宁郡太守雍、牂柯郡太守朱褒、越郡太守高定相继投降，声势甚大。蜀丞相诸葛亮起兵五十万南征。在智破三郡叛军之后，大军继续向泸水（川滇边境）挺进。适逢马谡奉后主之命前来劳军。诸葛亮久闻马谡才智超群，便虚心问计。马谡说："愚有片言，望丞相察之。南蛮恃其地远山险，不服久矣。虽今日破之，明日复叛。丞相大军到彼，必然平服；但班师之日，必会北伐曹丕。蛮兵若知内虚，其反必速。夫用兵之道，攻心为上，攻城为下；心战为上，兵战为下。愿丞相但服其心足矣。"诸葛亮很赞同马谡的见地，更坚定了心服蛮王的决心。第一次两军对阵，孟获战败，为蜀将魏延活捉。诸葛亮问他是否心服，孟获说："山僻路狭，误遭汝手，如何肯服？你放我回去，整军再战，若再被擒，我便肯服。"诸葛亮当即下令放了他，并给他衣服、鞍马、酒食，派人送他上路。孟获回去不久就纠集残部围攻蜀军，却再次被生擒，如此这般被生擒六次又被放了六次。但孟获一直不肯投降，直到第六次被俘时对诸葛亮说："这次是我等自来送死，不是你们的本领。如第七次被擒，则倾心归服，誓不再反。"孟获回去后，采纳族人的建议，从乌戈国请来三万刀剑不入、渡水不沉的藤甲兵，屯于桃花渡口。诸葛亮设疑兵，一步步地将藤甲兵诱入预伏干柴、火药、地雷的盘蛇谷，堵住前后谷口，纵烈火将乌戈国的三万藤甲兵烧了，结果第七次生擒孟获。诸葛亮令人设酒食招待孟获夫妇及其宗室，叫孟获回去再招人马来决战。这一次，孟获却不走了，并说："七擒七纵，自古未有。我等虽然是化外之人，也懂得礼义，难道就如此没有羞耻吗？"于是率领各部蛮民诚心归顺。诸葛亮七擒七纵，"纵"的是孟获其人，而最终"擒"得的是蛮王及蛮方百姓的心。精诚所至，金石为开，从此蜀国有了一个巩固的南方，诸葛亮可全力伐魏了。

五、第十七计：抛砖引玉

（1）计策原文解读

原文："类以诱之，击蒙也。"

原文大意：用类似的东西去引诱敌人，进而打击那些蒙昧的敌人。

蒙卦

（2）对应经卦及智慧

此计对应《易经》第四卦山水蒙卦（010001）。《周易·蒙卦》上九："击蒙。"蒙卦的卦义为启蒙治蒙，上九阐述启蒙的方法：教育蒙童，不宜用过于威严的方式，应该采取合适的教育方式。在本计中，则用于对敌斗争的方式。战争中，有时不以刚对刚，不操之过急，方能达到抛砖引玉的效果。

本计的要点：

第一，抛砖要真。抛出来的砖对敌人要有足够的诱惑力，不能是小砖，更不能是假砖。有时为了引出极珍贵的玉，要不惜将金砖抛出去，才能起到蒙骗敌人的作用，引出敌人的美玉。

第二，抛砖示柔。抛砖还有一个作用，就是向敌方展示柔弱的一面，主动送给敌人小恩小惠，让敌人感觉到我方已无力抗衡，使其产生麻痹思想，放松警惕，我们就可进一步利诱他上钩。

第三，抛砖有法。要搞清楚自己手中有什么样的砖，哪些砖能用，哪些砖不能用。在抛的时候不能敷衍了事，要显示出诚意，让敌人不产生怀疑，从而达到抛砖的目的。

（3）计策内涵

抛砖引玉计，指用小的付出换取更大的利益，现在多比喻用自己粗浅的意见引出别人高明的看法。

（4）计策故事

相传唐代诗人常建，听说赵嘏要去游览苏州的灵岩寺。为了请赵嘏作诗，常建先在庙壁上题写了两句诗。赵嘏见到后，立刻提笔续写了两句，而且比前两句写得好。后来文人称常建这种做法称为"抛砖引玉"。

六、第十八计：擒贼擒王

（1）计策原文解读

原文："摧其坚，夺其魁，以解其体。龙战于野，其道穷也。"

原文大意：摧毁敌人坚固的防守，消灭对方首脑，促使对方解体。这好比群龙战于郊野，敌方已群龙无首，陷入穷途末路。

坤卦

（2）对应经卦及智慧

此计对应《易经》第二卦坤卦（000000）。《象》曰："龙战于野，其道穷也。"《周易·坤卦》上六："龙战于野，其血玄黄。"在双方都体现强大能量时，"夺其魁"尤为重要。

"尤战于野，其道穷也"亦出自坤卦的上六爻。上六爻表示，纯阴已发展到极盛，必然向反面转化。

在战争中抓获敌方首领，使敌人失去统帅指挥，众士兵就会像无头苍蝇，变得极度慌乱；又像一盘散沙，四处流散，形不成合力，战斗力全无。这样就能改变战争的走向，使我方获胜，取得事半功倍的效果。

要"夺其魁"，必须先确定谁是"魁"以及"魁"在哪，用现代的话来说，就是要确定主要矛盾，找出事物的关键和要害。很显然，战争中对方的首领及指挥机关就是主要目标，抓获其首领，不是一件容易的事。本计给出的是战争中的要领，提示我们要抓主要矛盾。至于如何实施，就是八仙过海，各显神通了。

（3）计策内涵

擒贼擒王计，比喻做事要抓住关键，抓住主要矛盾。

（4）计策故事

唐朝安史之乱时，安禄山之子安庆绪派勇将尹子奇率十万劲旅进攻睢阳。驻守睢阳的御使中丞张巡，据城固守，接连击退敌兵二十余次进攻。

晚上，敌兵刚刚准备休息，忽听城头战鼓隆隆，喊声震天。尹子奇急令部队备战。而张巡"只打雷不下雨"，并没有出战。尹子奇的部队被折腾了一整夜，倒在地上就呼呼大睡，这时，张巡率领守兵冲杀出来。敌兵从梦中惊醒，乱作了一团。

张巡根本不认识尹子奇，没办法捉拿他，便心生一计，让士兵用秸秆做箭，射向敌军。敌军以为张巡军中已没有箭了，于是争先恐后向尹子奇报告这个好消息。这样一来，张巡很快找到了尹子奇，立刻急令神箭手向尹子奇放箭，正中尹子奇左眼，只见尹子奇鲜血淋漓，抱头鼠窜。主帅受伤而逃，部队没有了指挥者，顿时乱了方寸，大败而逃。

第四节　混战篇之易数

混战计包括釜底抽薪、浑水摸鱼、金蝉脱壳、关门捉贼、远交近攻、假途伐虢六计。混战，就是战斗打得难解难分，一片混乱。

一、第十九计：釜底抽薪

（1）计策原文解读

原文："不敌其力，而消其势，兑下乾上之象。"

履卦

原文大意：如果敌不过对手之锋芒，就要找到消除对方旺盛势头的方法。履卦是典型的以柔克刚的卦象。

（2）对应经卦及智慧

此计对应《易经》第十卦天泽履卦（110111）。《象》曰："履，柔履刚也。"履卦的卦象兑柔乾刚，喻示阴柔遇上刚强。我方遇上强敌，敌强我弱，是硬碰硬，还是避其锋芒，另想高招，结局大不一样，而釜底抽薪是最好的以柔克刚的方法。

本计的要点：

第一，强攻是下策。面对强敌，不能强攻。强攻往往收不到好的效果，最大可能就是敌方受益，我方受损。这种战术违背了作战初衷，脱离客观实际，是完完全全的冒险行为，要坚决弃用。

第二，治本为上策。既然不能用强攻，就只能智取。以柔克刚，是履卦给我们的启示。这种"柔"，是柔中有刚、绵里藏针，能一招制胜。面对一锅沸水，想要使水彻底冷却下来，是往锅里加冷水还是将锅底柴火抽去，道理显而易见，加冷水是治标，抽柴火才是治本。

第三，要防范"抽薪"风险。进行"抽薪"行动，要对敌情有准确了解，制定周密计划，不能贸然出击。否则，不但"抽"不到"薪"，还会被炉火烧伤，导致计谋失败，对全局造成重大影响。

（3）计策内涵

釜底抽薪计，指抽掉锅底炉灶内的柴火，使锅中食物无法煮熟，彻底解决问题，比喻面对敌人要避其锋芒，以柔克刚。

（4）计策故事

曹操和袁绍战于官渡，当时曹操兵少粮缺，而袁绍兵马精良，粮草充足，以十击一，胜券在握。曹操如果正面抵抗，则肯定无胜算可言。此时曹操听了谋士许攸的建议，自率数千精兵，每人抱一束柴薪，打着袁军的旗号，夜间潜入袁军粮草囤积的地方，烧了袁军的粮仓，袁军上下顿时慌乱成一团，曹军乘机攻击，袁军无心恋战，仓皇而逃，这就是历史上有名以少胜多的"官渡之战"。曹操以火攻之术成就了"抽薪"之道，耐人寻味。

二、第二十计：浑水摸鱼

（1）计策原文解读

原文："乘其阴乱，利其弱而无主。随，以向晦入宴息。"

随卦

原文大意：趁对方内部出现混乱，从其内部的软弱无主中获利，如随卦，见机而动，就像天黑应该睡觉一样。

（2）对应经卦及智慧

本计的要点：

此计对应《易经》第十七卦泽雷随卦（100110）。《象》曰："君子以向晦入宴息。"

第一，水混是前提。随卦为异卦相叠（震下兑上）。随，随从规律的意思。天黑睡觉，就是遵从规律，这就是定数。一方面是敌人内部出现问题，指挥不灵，信息不畅，各行其是，一片乱象；另一方面是敌方内部状态正常，为了达到浑水摸鱼的目的，要不遗余力地把水搅浑，只有"水"浑了，才能有"鱼"，甚至是"大鱼"。

第二，时机是关键。水浑到什么程度，是否到了摸鱼的最佳时机？我们要有一个准确判断，才能做到不失时机，精准摸鱼。同时，行动要迅速，体现一个"快"字，因为水浑只是短暂的现象，行动慢了，机会就稍纵即逝，后悔莫及。

第三，顺势是要点。随卦的要义就是随从顺从，强调按自然规律办事，如同到了夜晚人就需要睡觉休息。浑水摸鱼同样要顺从规律，水未浑时不能强行摸鱼，弄不好鱼未摸到却将自己淹没。

（3）计策内涵

浑水摸鱼计，指在敌方混乱无主时，乘机夺取胜利。

（4）计策故事

唐朝开元年间，契丹叛乱，多次侵犯唐朝。朝廷派张守珪为幽州节度使，平定契丹之乱。张守珪派王悔代表朝廷到可突干营中宣抚，并命王悔一定要探明契丹内部的底细。王悔探听到契丹松漠都督府衙官李过折一向与大将可突干有矛盾，俩人貌合神离，互不服气。王悔先是装作不了解李过折和可突干之间的矛盾，当着李过折的面，假意大肆夸奖可突干的才干。李过折听罢，怒火中烧，王悔乘机劝说李过折，归顺朝廷，并辞别契丹王返回幽州。

第二天晚上，李过折率领本部人马，突袭可突干的中军大帐。可突干毫无防备，被李过折斩于营中。忠于可突干的大将涅礼召集人马，与李过折展开激战，杀了李过折。张守珪探得消息，立即亲率人马冲入契丹军营，生擒涅礼，大破契丹军，终于平息契丹叛乱。

三、第二十一计：金蝉脱壳

蛊卦

（1）计策原文解读

原文："存其形，完其势；友不疑，敌不动。巽而止蛊。"

原文大意：保持原来的面貌，做出无意改变的样子，这样友军不会怀疑你另有打算，敌人也不会有新的举动。就像蛊卦，风行山下，事情就会顺利进行。

（2）对应经卦及智慧

此计对应《易经》第十八卦山风蛊卦（011001）。《彖》曰："蛊，刚上而柔下。巽而止，蛊。"蛊卦上为艮，为阳卦，义有止；下为巽，为阴卦，义为顺。阳刚居上，阴柔处下，山上旌旗在望，山下和风习习，一切都在悄然进行中。

金蝉脱壳原是一种生物现象，指蝉类昆虫在其生命进程发生的一种蜕变，也就是人们在树林中常见的，蝉从本体脱壳而去，却将蝉衣留在枝头。

本计的要点：

第一，要有壳可脱。这个"壳"不是随意的摆设，也不是凑合出来的东西，而是能让敌方相信的真实之物。自身无"壳"，也要想办法造出"壳"来，起到以假乱真的效果，达到脱壳的目的。

第二，不为脱而脱。脱壳者，不是一走了事，要充分利用"壳"的价值，使敌人上当受骗，使我方掌握战场的主动权。

第三，要善于脱险。当自己处于险境时，不能硬碰硬，就像蛊卦所阐释的，山下有风，柔顺为上。要善于用"壳"，更要善于弃"壳"，才能顺利脱离险境，重获新生。

（3）计策内涵

金蝉脱壳计，指趁对方来不及发觉时，利用模拟的物体作掩护，乘机逃脱。

（4）计策故事

东汉末年，袁绍调集十余万精兵企图南下袭击曹操。这时，刘备以徐州为中心，乘袁绍、曹操两军对峙的时机扩展自己的势力，兵力逐渐强盛，地盘逐渐扩大。

刘备的崛起引起曹操的恐慌。曹操一方面制造曹军北上决战的假象，另一方面在官渡虚设曹军大本营，迷惑袁绍。这一切部署完毕，曹操就亲率主力大军分五路东征刘备。

刘备急忙修书向袁绍求救，袁绍却加以推脱，致使战机延误，等到再想发兵南下时，曹操已击败刘备，率主力回到官渡。这时袁绍才承认中了曹操的"金蝉脱壳"之计，后悔不已。曹操也没有后顾之忧，专心在官渡迎战袁绍，袁军最后惨败。

四、第二十二计：关门捉贼

（1）计策原文解读

原文："小敌困之。剥，不利有攸往。"

剥卦

原文大意：对付小股敌人，要围困起来将其消灭，就像剥卦，将对手层层剥落，一口口地吃掉，不能贸然出击。

（2）对应经卦及智慧

此计对应《易经》第二十三卦山地剥卦（000001），卦辞："剥，不利有攸往。"

本计的要点：

第一，要有"关"的实力。剥卦五阴在下始生，一阳在上将尽。以数量优势将敌团团围住，须防走投无路之敌作困兽之斗，慢慢将敌剥蚀，夺取胜利。要对敌人实施关门战术，必须具备关门的实力，不是想关就能关，我方实力要明显在敌之上才具备关门的条件，才能真正将敌人关在门内。

第二，要有"不追"的意识。剥卦阐释"剥，不利有攸往"，意思是说，当万物呈现剥落之象时，如有所往则不利。因此，对敌人要用围困之法将其消灭，不能贸然急追或远袭，否则有可能中敌埋伏，不但不能歼敌，反而使我方陷于险境。

第三，要把握"捉"的时机。将敌人围困起来，关在门内只是歼敌的第一步，如何全歼被困之敌，要因时因地进行全面评估。不同情况要不同对待，有的是速战速决，不让敌人有喘息之机；有的是围而不打，关而不捉。耗尽敌人的精气神，使敌人变成一盘散沙、一群乌合之众，这时再一举将其消灭。

（3）计策内涵

关门捉贼计，指将敌人围困并予以歼灭。

（4）计策故事

战国后期，秦国攻打赵国。秦王采纳了范雎的建议，用离间法使赵王用赵括代替廉颇为将到长平与秦军作战。秦将白起先故意让赵括取得几次小胜。赵括果然得意忘形，派人到秦营下战书。白起先见赵括中计，便分兵几路，形成对赵军的保卫圈。第二天，赵括亲率四十万大军，追赶被打败了的秦军。秦军坚守不出，赵括一连数日也攻克不了，只得退兵。此时，秦军已把赵军全部包围起来。赵军四下受阻，被秦军分兵隔离，各个击破。最后，赵括也中箭身亡。从此，赵国实力大减，没有几年就被秦国灭掉。

五、第二十三计：远交近攻

（1）计策原文解读

原文："形禁势格，利以近取，害以远隔。上火下泽。"

原文大意：由于地理条件和战场态势的限制，先攻取就近的敌人有利，不要越过近敌去攻取远处的敌国。就像睽卦中的火与泽，水火本不相容，要十分小心才能保持平衡，做到从近处获利，消除远敌之害。

瞍卦

（2）对应经卦及智慧

此计对应《易经》第三十八卦火泽睽卦（110101）。《象》曰："火动而上，泽动而下。"睽卦上离下兑，离为火，兑为泽。睽，乖违之意。

本计的要点：

第一，近攻是不得已而为之。在冷兵器时代，地理环境是决定战略战术的重要前提条件，地理环境对车马运行、人员调动有决定性的作用。如果再加上战场态势的限制，要想加大获胜的概率，攻打邻近之敌，无疑是最佳选择。

第二，近攻可变远亲为近邻。在近攻的过程中，必须与远处的敌国接好关系，化干戈为玉帛，甚至结成友邻之邦。这样，既避免远近各国结盟，使我方处于劣势，又在占领近敌国土后使远国变成近邻。

第三，近攻是为了分化敌人。由众多敌国组成的阵营是很不好对付的，难以抗衡，要对其进行分化瓦解，实施近攻战略，破坏敌国之间的联盟，各个击破，将敌人一个个吃掉。

睽卦有乖违之意，由于本计具有特殊性，不能按一般常理来行事。

（3）计策内涵

远交近攻计，指结交离得远的国家，进攻邻近的国家。

（4）计策故事

春秋时期，周天子的地位已被架空，群雄并起，逐鹿中原。当时，郑国邻近的宋国、卫国与郑国积怨很深，郑国随时有被两国夹击的危险。于是郑国与距离比较远的邾国、鲁国等国结盟，不久又与实力强大的齐国结盟。郑庄公以宋国不朝拜周天子为由，代周天子发令攻打宋国。郑国、齐国、鲁国大军很快攻占了宋国大片土地。宋国、卫国避开联军锋芒，乘虚攻入郑国。郑庄公把占领宋国的土地全部送给齐、鲁两国，迅速回兵，大败宋、卫大军，宋国、卫国被迫求和。郑庄公势力扩张，霸主地位形成。

六、第二十四计：假途伐虢

（1）计策原文解读

原文："两大之间，敌胁以从，我假以势。困，有言不信。"

困卦

原文大意：夹在敌我两个大国之间的小国，受到大国的胁迫，我方要趁势给予帮助。小国如不信有援，则愈发困顿。

（2）对应经卦及智慧

此计对应《易经》第四十七卦泽水困卦（010110），卦辞曰："有言不信。"困卦为异卦相叠，坎下兑上，上卦为兑、为泽、为阴，下卦为坎、为水、为阳。卦象表明，容纳于泽中的水，离开泽向下渗透，以致泽无水而受困，水离开泽流散无归也自困，要"我假以势"，帮助小国，使小国相信有援，不能光说不做。

《象》曰："困，刚掩也。"意思是阳刚被阴柔包围、掩藏。这一方面是说，要使自己国家变强、变大，就不能满足现状，必须冲破阴柔的封锁包围，拓疆扩土，不断扩大势力范围，增强实力，实现自己的目的。另一方面，弱国、小国遭受大国、强国的围困，自己陷入困境、险境时，小国会有求于某一大国，要求给予保护，此时大国可趁势把力量扩展出去。

从假途伐虢可以看出，借道确实是光明正大的阳谋，邻国也只能信以为真。况且大国起初也仅仅是"借道"，并无其他非分之想，只是到了后来，发现有利可图并且不用费大力就能得到，不要白不要，顺道就将它拿下，可谓一箭双雕。由此来看，求助大国的保护是要付出代价的，有时甚至是灭顶之灾。

（3）计策内涵

假途伐虢：假途，借路的意思；伐，攻占的意思；虢，春秋时的一个小国。其意在于先利用甲做跳板，去消灭乙，达到目的后，回过头来连甲一起消灭，或以向对方借道为名，行消灭对方之实。

（4）计策故事

春秋时期，强大的晋国想一举消灭周围相对弱小的两个小国——虢国和虞国。晋国的国君晋献公与大臣们商量，大臣们建议：虢国和虞国相互依存，并而去之，困难太大。最好借口攻打虢国，向虞国的国君虞公借道，这样就可以今日"取虢"而明日"取虞"，一箭双雕。晋献公一听，认为这个计谋虽然很好，但不知道虞公肯不肯借道。大臣荀息说，虞公很贪财物，如果你送上美玉良马，虞公不会不答应的。这良马和美玉，是晋献公最珍爱的两件宝贝，晋献公有点舍不得。荀息又进言道："等灭了虢国和虞国，这些宝贝还不都是你的？只不过暂放在他那里。"

荀息终于说服晋献公，带上良马美玉出使虞国。虞公一见这么好的宝贝，顿时眉开眼笑，答应借道给晋国。虞国大臣宫之奇赶忙向虞公劝道："俗话说'唇亡齿寒'，失去嘴唇，牙齿也就难保了。虞、虢两国，唇齿相依，虢国一亡，虞国也就跟着完了。借道是万万不行的。"

贪财的虞公根本听不进宫之奇的劝谏，收下了良马、美玉，让晋兵借道攻打虢国。宫之奇见虞公执迷不悟，仰天长叹，为了避免战乱，只好带着家眷离开虞国。晋军通过虞国，直接攻打虢国都城。虢军根本就没想到晋军会从虞国那边打过来，一时措手不及，虢国一下子被晋军灭亡。晋军灭掉虢国，从原路回师，虞公亲自到城外迎接晋军，庆贺胜利。晋军趁其不备，蜂拥而上，将虞公及其大臣统统捉住，并搜出当初进献的良马、美玉。虞公懊悔当初不听宫之奇"唇亡齿寒"的劝告，但哪里还来得及呢？虞国为了眼前一点利益，抛弃了虢国这个战略伙伴，最终自食亡国之恨，这个教训是极为深刻的。

第五节　并战篇之易数

并战计包括偷梁换柱、指桑骂槐、假痴不癫、上屋抽梯、树上开花、反客为主六计。并战，是指敌我双方势均力敌，军备相当，相持不下的一种战场形势。

一、第二十五计：偷梁换柱

（1）计策原文解读

原文："频更其阵，抽其劲旅，待其自败，而后乘之。曳其轮也。"

既济卦　　　　　　　　未济卦

原文大意：与敌军作战时，运用手段迫使敌军频繁地变更阵容，调动敌军的主力，等待它自己衰败，然后乘机行动，达到自己的目的。这就像拖住了车轮，车子就不能运行了。（布阵有讲究，阵中有"天衡""地轴"，"天衡"是阵的大梁，"地轴"是阵的柱子。梁和柱的位置都是部署精兵的地方。）

（2）对应经卦及智慧

此计对应《易经》第六十三卦和第六十四卦，即水火既济卦（101010）、水火未济卦（010101）。

本计的要点：

第一，"偷换"要用谋。要将敌方的作战阵式搞乱，调动敌军的主力，这不是一件容易的事。这件事能否成功，关键在于运用什么样的计谋。这种计谋既要有明显的效果，又只能在暗地里操作，体现"偷"和"换"的特点。

第二，"曳轮"为了慢。"曳其轮"，既是既济卦初九的爻辞，又是未济卦九二的爻辞。此二卦是《易经》六十四卦的最后两卦，一个很有意思的现象出现了，既济卦象征事已成功，未济卦象征事情尚未成功，两卦的象征意义完全不同，可分别在初九爻和九二爻强调"曳其轮"，让车子慢下来或停下来。它在提醒我们，事情不管是既济还是未济，都不可操之过急，要稳中前行，方能守中道、持正道。由此看出，"偷梁换柱"之计同样急不得，本来就不可大张旗鼓，要适当"曳其轮"，才能成功。

第三，"梁柱"是目标。在运用"偷换"计谋时，目标要明确，用计要成熟。针对"梁"和"柱"设计的计谋，要具备能"偷"能"换"的实际操作条件。否则，不但偷不到、换不了，还会使己方遭受损失甚至失败。

（3）计策内涵

偷梁换柱计，指用偷换的办法，暗中改换事物的本质和内容，以达到蒙混欺骗的目的。

（4）计策故事

相传秦始皇称帝后一直没有立太子。长子扶苏恭顺好仁，为人正派，而幼子胡亥每天花天酒地。前210年，秦始皇第六次南巡，到达平原津（今山东平原县）时突然一病不起。此时，秦始皇也明白自己大限将至，连忙召集丞相李斯，要李斯传达秘诏，立扶苏为太子。

几天后，秦始皇驾崩。李斯怕太子回来之前政局动荡，所以秘不发丧。赵高特地去找李斯，告诉他："皇上册立扶苏的诏书还扣在我这里。现在，立谁为太子，大权在你我手中。如果扶苏做了皇帝，一定会重用蒙恬，那时宰相的位置你还能坐得稳吗？"赵高一席话说得李斯心有所动，于是，二人合谋，制造假诏书，赐死扶苏。又假传旨意，把蒙恬召回京城，杀了蒙恬，二人用"偷梁换柱"之法，把胡亥扶为秦二世。

二、第二十六计：指桑骂槐

（1）计策原文解读

原文："大凌小者，警以诱之。刚中而应，行险而顺。"

师卦

原文大意：强者慑服弱者，要用警示的方法加以诱导。威严适当，可以获得顺服；手段高明，可以使人顺服。

（2）对应经卦及智慧

此计对应《易经》第七卦地水师卦（010000）。《象》曰："刚中而立，行险而顺。"师卦九二爻以阳爻居于下坎之中，叫"刚中"，又上应上坤的六五爻。下坎表示险，上坤表示顺，故又有"行险而顺"之象。

本计的要点：

第一，"桑""槐"有关联。要使指桑骂槐产生作用，前提是"桑"与"槐"必须在事件中有密切联系，是对立的一对矛盾，才能做到有的放矢。

如果"桑"和"槐"毫不相干，"骂"就白费劲了，更谈不上有好的结果。

第二，"指""骂"有把握。明确了"桑"与"槐"，但由谁来"指"、听谁来"骂"，就显得特别的重要。这个人对被"指"的人来说，有高度的信任感；对被"骂"的人来说，要能顺从服气。

第三，旁敲有奇效。指桑骂槐，实际上是不直接了当地指明问题，而是绕弯子，迂回地表达自己的意见。所以要讲究"骂"的技巧，"指"的方法，使"桑"与"槐"都觉得有道理。这种方式比直接"骂"效果要好得多，有时甚至是奇效。

（3）计策内涵

指桑骂槐：指着桑树数落槐树，比喻指着甲，而其实是在骂乙。

（4）计策故事

春秋时期，齐景公有一匹心爱的马因马夫照料不周而死去了，齐景公勃然大怒，要责打马夫。晏子走到马夫面前，骂道"应该打死这个可恶的马夫，你的罪过并不止弄死一匹宝马。你为大王养马却把马弄死，这个是罪一；你使齐君因马而杀人，这是罪二；因你被杀而使齐君重马轻人的名声显扬诸侯，这是罪三"。没等晏子说完，齐景公就摆手说放了马夫，以免坏了他仁慈的名声。晏子借数落马夫，使齐景公警醒。

三、第二十七计：假痴不癫

（1）计策原文解读

原文："宁伪作不知不为，不伪作假知妄为。静不露机，云雷屯也。"

原文大意：宁愿假装不知道而不采取行动，也不假装知道而轻举妄动。要沉着沉静，不露出真实动机，如同雷霆掩藏在云后面，不显露自己。这是从屯卦《象》的"云雷屯，君子以经纶"一语中悟出的道理。

（2）对应经卦及智慧

此计对应《易经》第三卦水雷屯卦（100010）。《象》："云雷屯，君

屯卦

子以经纶。"茅草穿土初出叫作"屯"。屯卦，震下坎上。坎为雨为云，震为雷，云在雷上，说明茅草初出土时即遇雷雨交加，生长十分艰难。面临这样的局面，要冷静处置，认真调整，周密策划，不可妄动。

本计的要点：

第一，初生不可妄为。《象》曰："刚柔始交而难生。"意思是说，屯卦阴阳刚柔开始相交而艰难萌生。"屯"的本义是草木萌芽于地，既充满生机，又面临艰难险阻。面对初生之事物，宁肯装作无知而不采取行动，不可轻举妄动。

第二，难得糊涂。这实际上只是假装不癫的同义词，这种"糊涂"是假糊涂。真正聪明的人表面上反而很愚笨，这其实是一种韬晦之计。把自己真实目的隐藏在糊涂背后，伺机出动，让敌人防不胜防，达到一击致命的效果。

第三，把握分寸。如何做到假中有意，虚假实真，就要注意把握分寸。做"假"要恰到好处，恰如其分，这就是所谓"不癫"，即不走火入魔。千万不能过火，否则就会弄巧成拙，适得其反。

（3）计策内涵

假痴不癫计，指虽然自己具有相当强大的实力，但故意不露锋芒，显得软弱可欺，用以麻痹敌人，骄纵敌人，然后伺机给敌人以措手不及的打击。

（4）计策故事

三国时期，刘备有夺取天下的抱负，但前期力量弱，无法与曹操抗衡，而且还处在曹操控制之下。刘备装作每日只饮酒种菜，不问世事。一日曹操请他喝酒，席上曹操问刘备谁是天下英雄，刘备列了几个名字，都被曹操否定了。曹操说道："天下的英雄，只有我和你两个人！"刘备听完后惊慌失措，生怕曹操知道自己的政治抱负，吓得手中的筷子掉在地下。幸好此时一声炸雷响起，刘备急忙遮掩，说自己被雷声吓掉了筷子。曹操见状，大笑不止，认为刘备连打雷都害怕，成不了大事，对刘备放松了警觉。后来刘备摆脱了曹操的控制，终于干出了一番事业，青史留名。

四、第二十八计：上屋抽梯

（1）计策原文解读

原文："假之以便，唆之使前，断其援应，陷之死地。遇毒，位不当也。"

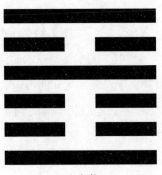

噬嗑卦

原文大意：故意露出破绽，使敌人觉得有大利可图，引诱它进入我方埋伏，之后截断其后援，使其陷入绝境，最终置其于死地。

（2）对应经卦及智慧

此计对应《易经》第二十一卦噬嗑卦（100101）。《周易·噬嗑卦》六三："噬腊肉，遇毒。"本卦为异卦相叠（震下离上）。上卦离为火，下卦震为雷，打雷、闪电，卦象很是威严。噬嗑，意为咀嚼，却吃到了有毒的腊肉，没有经受住诱惑，六三爻阴居阳位，属位不当，上当受骗，最终一败涂地。

本计的要点：

第一，要有"抽梯"的能力。想要抽梯，先要琢磨如何放梯？放梯是实现计谋的第一步。放不好梯，就不会有接下来的抽梯，要做到收放自如，必须具备一定的能力，也就是做局的能力。要防止出现梯放不下又抽不走的情况。

第二，要有"上屋"的本事。把对方引诱上楼，又抽掉楼梯，双方都无退路，形成针锋相对、短兵相接、你死我活的局面。这时容不得半点犹豫或一丝彷徨，要拿出全部的决心和力量，直接摊牌，决一死战。这是基于自己对局势的正确判断，以及对取胜能力的充分自信。如果没有这种能力，不但不能致敌于死地，还可能导致自己最后失败。

（3）计策内涵

上屋抽梯计，比喻诱人向前而断其后路，使其为己所用。

（4）计策故事

东汉末年，刘表偏爱少子刘琮，不喜欢长子刘琦。刘琮的后母也害怕刘琦得势，平日里非常嫉恨他。刘琦深感自己处境危险，多次请教诸葛亮，但诸葛亮一直不肯为他出主意。

有一天，刘琦约诸葛亮到一座高楼上饮酒。等二人坐下后刘琦暗中派人拆走了楼梯。诸葛亮无可奈何，便给刘琦讲了一个故事。

春秋时期，晋献公的妃子骊姬想谋害晋献公的两个儿子申生和重耳。重耳知道骊姬险恶，只身逃亡国外；申生为人厚道，留在宫内。一日，申生给父王送去一些好吃的东西，骊姬乘机下了毒。晋献公哪里知道，准备去吃，骊姬故意让侍从先尝一尝，刚尝了一点，侍从就倒地而死。晋献公大骂申生阴谋弑父夺位。申生无以申辩，只好自刎身亡。

刘琦马上领会了诸葛亮的意图，立即上表请求派往江夏（今湖北武昌西），避开了后母，终于免遭陷害。

五、第二十九计：树上开花

（1）计策原文解读

原文："借局布势，力小势大。鸿渐于陆，其羽可用为仪也。"

渐卦

原文大意：借助别人的阵势，布出表象强大的局。就像是鸿雁这种普通的水鸟，一旦它的羽毛丰满了，就变得美丽无比。

（2）对应经卦及智慧

此计对应《易经》第五十三卦风山渐卦（001011）。《周易·渐卦》上九："鸿渐于陆，其羽可用为仪，吉。"渐卦，上卦为巽，下卦为艮，形成风山渐，卦象为树木生长在山上，潜滋暗长。鸿雁缓缓降落于山头，其美丽的羽毛用作装饰，是吉祥的象征。

本计的要点：

第一，精心造树。本计中的"树"，是指可被借来张势的东西。要想开好"花"，必须先选好"树"，"树"是"花"的依傍。如渐卦所说"鸿渐于陆"，陆是鸿雁栖息的依傍，在陆的付托下，鸿雁才能展示出美丽的羽毛。

第二，用心造花。"造花"就是设局。要想方设法把花插到树上去，使原本无花的树鲜花盛开，满树飘香。当然，这种"花"仅是一个伪装，是为了达到欺骗的效果。所以，"花"要布置巧妙，要有极强的隐蔽性，须以假乱真，使敌方信以为真，从而上当受骗。

第三，善于借势。经过选"树"和插"花"的过程，声势已经造出来。要不失时机地把"势"利用好。要十分清醒地意识到，这只是虚张声势，不可持久。

（3）计策内涵

树上开花原意指树上本来没有花，但可伪装成有花。该计寓意为借某种有利于自己的因素，制造假象，以此来壮大自己的声势。

（4）计策故事

前296年，楚怀王去世。作为人质的太子横就请求齐王允许他回楚国奔丧并继承王位，齐王趁机要他割地五百里。太子横为求脱身，只好先口头上答应了齐王。太子横回到楚国，继承了王位，号称顷襄王。而他刚刚即位不久，齐国的使臣便来到楚国，要求顷襄王履行割地五百里给齐的诺言。顷襄王一时无计可施，便与群臣商议。

慎子给顷襄王献了一条"树上开花"之计：先让子良到齐国佯称献地，以麻痹敌人，派昭常率领军队镇守边疆，虚张声势迷惑敌人，派景鲤到秦国求援，借秦国力量慑服敌人。顷襄王便依计而行，齐王见楚国边境有大批军队，又听说秦王援楚，齐王担心两面受敌，只得按兵不动，不敢再进攻楚国。就这样，楚国未动一兵一卒就从气势上压倒齐国，让齐王放弃霸占楚国土地的念头。

六、第三十计：反客为主

（1）计策原文解读

原文："乘隙插足，扼其主机，渐之进也。"

原文大意：把握机会安插自己的势力，控制敌人的要害，慢慢行动，不要打草惊蛇。

渐卦

（2）对应经卦及智慧

此计对应《易经》第五十三卦风山渐卦（001011）。《象》曰："渐之进也。"渐，有缓慢行动、逐步前进的含义。去别人家做客，反而让别人感觉你成了主人，这未免让人很讨厌，但如果能拿捏分寸，逐渐引导，逐步改变，就会让人感到一切自然顺畅，人们自觉不自觉地接受你身份的改变，由客变为主。

本计的要点：

第一，力争客位。成为别人的客人不是一件随随便便的事，要靠自己创造条件，达到成为客人的基本条件，从而取得做客人的资格。这种事只能慢慢来，要经历长时间的考验，就像渐卦的《象》曰："渐之进也。"

第二，乘隙而入。有了做客人的资格，仅具备了基础的条件，想人家请你来做客还需要创造机会，让主人觉得请你是唯一的选择，心甘情愿把你奉为座上宾。

第三，参与议事。在主人面前既要保持谦卑的姿态，又要显示与众不同的才能，让主人愿意听取你的意见，按你的建议制定战略战术。

第四，实现主政。这是反客为主最关键的一步。掌握主人的首脑机关，控制主人的关键部位，使主人为保全自身不得不交出自己的权力。

（3）计策内涵

反客为主：客人反过来成为主人，指违反了通常的主客关系。该计比喻变被动为主动。

（4）计策故事

三国时期，袁绍和韩馥是昔日盟友，当年曾经共同讨伐过董卓。后来，袁绍势力渐渐强大，总想不断扩张，但苦于粮草缺乏，十分犯愁。老友韩馥便主动派人送去粮草，帮袁绍解决困难。

袁绍觉得等待别人送粮草不能够解决根本问题，他采纳下属的建议，决定夺取韩馥镇守的粮仓冀州。他首先给公孙瓒写了一封信，邀请他一起攻打冀州，公孙瓒欣然应允，准备发兵。

袁绍又暗地派人去见韩馥，劝他与自己联合共同对付公孙瓒。韩馥无奈，只得邀请袁绍带兵进入冀州，希望袁绍可以念在往日情分上，帮自己一把，一起抵抗公孙瓒。这位请来的客人表面上尊重韩馥，实际上已逐渐将自己的部下一个个安排到冀州的要害部位。这时韩馥才知道，他这个主已被客取而代之，现在自己的生杀大权已经握在请来的朋友身上，而自己失去了对冀州的控制，也许自己这个主人会被请来的客人杀死。为了保全性命，他只得只身逃出冀州。

第六节　败战篇之易数

败战计包括美人计、空城计、反间计、苦肉计、连环计和走为上六计。所谓败战，是指处于不利形势下的一种状态。

一、第三十一计：美人计

（1）计策原文解读

原文："兵强者，攻其将；将智者，伐其情。将弱兵颓，其势自萎。利用御寇，顺相保也。"

渐卦

原文大意：对付兵力强大的敌人，就要攻打他的将帅；对付明智的将帅，就要突破他的情感。将帅斗志衰弱的部队会士气消沉，其势头必然衰败。就像《易经》渐卦中所说的，利用敌人内部的弱点来控制敌人，使自己和顺相保。

（2）对应经卦及智慧

此计对应《易经》第五十三卦风山渐卦（001011）。诸位可能已经注意到，第二十九计、第三十计、第三十一计连续三计都对应渐卦，这说明无论是"树上开花计""反客为主计"还是"美人计"都遵循一个规律，就是渐进，做事情不能急于求成，一步步地往前走才能实现自己的目标。

"利用御寇，顺相保也"出自《易经·渐卦》九三爻。九三爻是阳居阳位，正而不失道，但过刚而不中，需要用柔的一面来化解，情感攻势之一的美人计便应运而生，从而达到"将智者，伐其情"的目的。

本计的要点：

第一，以情夺志。自古以来，在战争中运用情感攻势，从意志上对敌人进行瓦解和摧毁，这一做法屡见不鲜。这就是"用兵之道，攻心为上"的原理。双方交战，除了依靠各自的实力，主要就是勇气和意志的较量，有时这能起到决定性作用。这也是一种心理战，从心理上对敌人进行干扰和迷惑，使其丧失斗志和勇气，成为交战双方常用之道。

第二，以柔克刚。美人是阴柔之物，她能化解刚强之人。要做到以情夺其志，美人就是常用方法。俗话说"英雄难过美人关"，说明美人在摧毁人的意志方面具有极大威力。多少刚毅威武、叱咤风云的英雄倒在了石榴裙下，令自己的大业甚至整个国家毁于一旦。

（3）计策内涵

美人计，是指对于难以征服的对手，要利用对方自身的缺点，使用"糖衣炮弹"，先从思想意志上挫败对手，使其丧失战斗力，再将其消灭。

（4）计策故事

春秋时吴越之战，勾践先败于夫差。吴王夫差罚勾践夫妇在吴王宫里服劳役，借以羞辱他。越王勾践在吴王夫差面前卑躬屈膝，百般逢迎，骗取了夫差的信任，夫差放他回到越国。后来越国趁火打劫，消灭了吴国，逼得夫差拔剑自刎。那所趁之"火"是怎样烧起来的呢？原来勾践成功地使用了"美人计"。勾践被释回越国之后，卧薪尝胆，不忘雪耻。吴国强大，越国单靠武力不能取胜。越国大夫文种向他献上一计："高飞之鸟，死于美食，深泉之鱼，死于芳饵。要想复国雪耻，应投其所好，衰其斗志，这样，可置夫差于死地。"于是挑选了西施、郑旦两名绝代佳人，送给夫差，并年年向吴王进献珍奇珠宝。夫差认为勾践已经彻底臣服，所以一点也不怀疑，整日与美人饮酒作乐，连大臣伍子胥的劝谏也完全听不进去。后来，吴国进攻齐国，勾践还出兵帮助吴王伐齐，借以表示忠心，麻痹夫差。吴国打胜之后，勾践还亲自到吴国祝贺。夫差贪恋女色，一天比一天颓靡，根本不想过问政事。伍子胥力谏无效，反被逼自尽。勾践看在眼里，喜在心中。前482年，吴国大旱，勾践乘夫差北上会盟之时，突出奇兵伐吴，攻入吴都，前473年，勾践灭吴。

二、第三十二计：空城计

（1）计策原文解读

原文："虚者虚之，疑中生疑。刚柔之际，奇而复奇。"

解卦

原文大意：空虚的就任由它空虚，这样使之更加难以揣测。虚实运用得当，可收到神奇的效果。

（2）对应经卦及智慧

此计对应《易经》第四十卦雷水解卦（010100）。《周易·解卦》初六爻的《象》曰："刚柔之际，义无咎也。"初六爻与九四爻刚柔相交相应，这种缓释和解的道理必无咎害。有柔有刚，刚柔并济，空城看似柔弱如水，不堪一击，实则暗藏杀机，令人胆战心惊，虚虚实实，不战而胜。

本计的要点：

第一，以虚显虚。我方实力已很虚弱，正面迎敌，必败无疑。想诱导敌方误认为虚中有实，以虚显虚不失为一个好的办法。将虚弱的状态毫无掩饰地呈现在敌人面前，还索性把自己装扮得更虚弱，似乎不堪一击。敌人看到此情景，会产生疑惑，直至产生误判，不敢贸然进攻，不得不鸣金收兵，打道回府。我方则不费一兵一卒，刀不刃血，取得胜利。

第二，虚中有实。本来是实的，偏要显现空虚的样子，这是本计的另一种思路。将我方强大的实力千方百计地隐藏起来，故意表现弱小的样子，使敌方认为我方真虚。为了使做虚的效果更加明显，还故意给敌人留出欲乘之隙，待敌人中计进入我方布下的战阵，发动突然进攻，使敌人措手不及，防不胜防，只能束手就擒。

（3）计策内涵

空城计，指在危急处境下，掩饰空虚，骗过对方的高明策略。比喻掩盖自己力量的不足，以使对方产生迷惑或后退。

（4）计策故事

春秋时期，楚国的令尹（宰相）公子元，在其哥哥楚文王死了后，将文夫人占为己有，文夫人却无动于衷。

前666年，为讨好文夫人，公子元亲率兵车六百乘，浩浩荡荡，攻打郑国。楚国大军一路连下几城，直逼郑国国都。郑国国力较弱，危在旦夕，群臣慌乱。郑国上卿叔詹在众臣面前献上一计，言称可退楚军。郑国按叔詹的计策，安排士兵全部埋伏起来，不让敌人看见一兵一卒；命令店铺照常开门，百姓往来如常，不准露一丝慌乱之色。大开城门下吊桥，摆出完全不设防的样子。

楚国先锋到达郑国都城城下，见此情景，怀疑城中有埋伏，不敢妄动，等待公子元。公子元赶到城下，也觉得很奇怪。他率众将到城外高地探望，见城中确实空虚，但又隐隐约约看到了郑国的旌旗和盔甲。公子元认为其中有诈，不敢贸然进攻。恰在此时传来消息说，齐国接到郑国的求援信，已联合鲁、宋两国发兵救郑。公子元闻报，知道三国兵到，楚军定不能胜，赶紧班师回国。

三、第三十三计：反间计

（1）计策原文解读

原文："疑中之疑。比之自内，不自失也。"

原文大意：在疑阵中布疑阵，让敌方的奸细感到我们对他亲密无间，促使敌方间谍传递假情报，且不会被怀疑，因这种假情报来自我们内部。

比卦

（2）对应经卦及智慧

此计对应《易经》第八卦水地比卦（000010）。《周易·比卦》六二爻的《象》曰："比之自内，不自失也。"比卦的卦象有亲近、亲辅之义。六二爻属阴爻阴位，又与上卦的九五阴阳相应，有一种天生的亲和力，利用这种亲密无间，反间之事必成。

本计的要点：

第一，知间。就是要了解敌方间谍情况，掌握敌间谍的活动规律，使敌间谍的一举一动都在我方掌握之中。同时要营造一种对其无比信任的氛围，让其自我感觉良好，从而解除戒备之心，他的所作所为就彻底地暴露在我方面前。我方对敌间谍的来龙去脉做到了知根知底，了如指掌，就能坦然对付敌人掀起的风浪。

第二，用间。就是将敌间谍的特殊身份为我所用。许多间谍是被官爵钱财驱使，我方可以用更高的待遇、更多的钱财，将其收买，让他转而为我服务。这就是使用"反间"来获得情报，掌握战场的主动权。

第三，离间。就是通过反间的方法，向敌人传递错误情报，在敌人之间或内部挑拨是非，引起纠纷，制造隔阂，破坏团结，瓦解敌军心和斗志。反间的另一个重要作用，就是使敌方对我方的战略意图、战术方案产生误判错判。这样就能有效保全自己，取得胜利。

（3）计策内涵

反间计，指识破对方的阴谋算计，巧妙地利用对方的阴谋诡计进行反击。

（4）计策故事

南宋初期，宋高宗害怕金兵，不敢抵抗，朝中投降派得势。主战的著名将领宗泽、岳飞、韩世忠等坚持抗击金兵，使金兵不敢轻易南下。

1134年，韩世忠镇守扬州。南宋朝廷派魏良臣、王绘等去金营议和。二人北上，经过扬州。韩世忠心里极不高兴，生怕二人为讨好敌人，泄露军情。可他转念一想，何不利用这两个家伙传递一些假情报。等二人经过扬州时，韩世忠故意派出一支部队开出东门。二人忙问军队去向，回答说是开去防守江口的先头部队。二人进城，见到韩世忠。忽然一再有流星庚牌送到。韩世忠故意让二人看到，原来是朝廷催促韩世忠马上移营守江。

第二天，二人离开扬州，前往金营。为了讨好金军大将聂呼贝勒，他们告诉他韩世忠接到朝廷命令，已率部移营守江。聂呼贝勒送二人往金兀术处谈判，自己立即调兵遣将。韩世忠移营守江，扬州城内空虚，正好夺取。于是，聂呼贝勒亲自率领精锐骑兵向扬州挺进。

韩世忠送走二人，急令"先头部队"返回，在扬州北面大仪镇（分江苏仪征东北）的二十多处设下埋伏，形成包围圈，等待金兵。金兵大军一到，韩世忠率少数兵士迎战，边战边退，把金兵引入伏击圈。只听一声炮响，宋军伏兵从四面杀出，金兵乱了阵脚，一败涂地，先锋被擒，主帅仓皇逃命。金兀术大怒，将送假情报的两个投降派囚禁起来。

四、第三十四计：苦肉计

（1）计策原文解读

原文："人不自害，受害必真；假真真假，间以得行。童蒙之吉，顺以巽也。"

蒙卦

原文大意：人不会自我伤害，若他受害，别人就一定认为没有疑点；就在这虚虚实实之间，苦肉计就可以实行了。就像幼稚蒙昧之人所以吉利，是因为凡事都柔顺服从外界的变化。

（2）对应经卦及智慧

此计对应《易经》第四卦山水蒙卦（010001）。《周易·蒙卦》六五爻："童蒙之吉，顺以巽也。"苦肉计，顾名思义，有人要主动受罪，计策要想否实施成功，就必须像懵懂的儿童一样，表演真实，顺以巽也，一切真实自然。

本计的要点：

第一，要受得了。苦肉计的手段是自残，包括对自己身体的伤害，也包括对家人的伤害。这是一种极其残忍又十分痛苦的手段，自己伤害自己不是小伤害，而是大伤害，到了一个人忍受的极限。这样的苦非一般人所能为、所能受，需要极大的勇气和毅力，也体现出对君王的热爱崇拜和对国家的无限忠诚。

第二，要行得通。自我伤害的目的是对付敌人，因此这种伤害必须有足够的欺骗性。不是说自己受了伤害就可以依计行事，关键是这种伤害要令敌人相信。只有敌人看不出破绽，计谋才能实施。一旦计谋被识破，不但自我伤害之苦要自己忍受，甚至连性命也保不住。

此计即使成功，胜利果实也饱含着血和泪。

（3）计策内涵

苦肉计，指自己伤害自己，以蒙骗他人，从而达到预先设计好的目标。

（4）计策故事

春秋战国时期，公子光利用专诸杀死了吴王僚，自立为吴王，这就是阖闾。吴王僚有个儿子叫庆忌，善走如飞，非常勇猛。父亲被杀，庆忌逃亡在外，寻找机会，收罗人马，准备报杀父之仇。阖闾为此忧心忡忡，想派人去行刺，可一时又没有合适的人选。阖闾的大夫伍子胥终于找来了要离。阖闾一见，要离高不足五尺，腰大貌丑，大失所望。伍子胥介绍说：要离虽然其貌不扬，但机敏过人，且对吴王十分忠诚，可以重用。阖闾相信伍子胥的话，与要离密谈。阖闾问要离刺杀庆忌有何妙计。要离充满信心地说："庆忌正在招纳亡命之徒，为父报仇，我打算诈称是'罪臣'去投奔他，但为了使他相信我，请大王斩断我的右手，杀死我的家人，这样就能取得庆忌的信任，因而也就可以乘机行刺了。"阖闾起初不忍无故斩去要离的右手，也不忍杀死他的家人，但看到要离的态度十分坚决，思之再三，觉得除此以外别无良策，于是同意了。第二天，伍子胥与要离入朝，当着文武百官的面，保荐要离为将军，率军攻打楚国。阖闾闻奏，怒斥伍子胥："你保荐的这人身矮力微，怎能带兵打仗。"要离当面顶撞阖闾："大王真是太忘恩负义了，伍子胥为你安定了江山，你却不派军队替伍子胥报仇。"阖闾大怒，这人竟敢当面顶撞羞辱寡人，命人把要离的右臂砍掉了，并把他押进大牢，拘留他的妻子。伍子胥叹息而出，群臣一时也莫名其妙。过了几天，伍子胥悄悄叫人放松了对要离的监视，让要离趁机越狱逃走，阖闾便下令把要离的妻子斩首示众。要离逃出以后，四处鸣冤叫屈，听说庆忌在卫国，便跑到卫国求见庆忌。庆忌疑他有诈，不肯收容，要离便脱掉衣服给庆忌看那只被斩断了的右臂。正当庆忌将信将疑之际，庆忌的心腹又来报告要离的妻子被斩的消息，庆忌这时完全相信要离与阖闾确有深仇大恨。要离向庆忌表示自己与他一样有复仇的决心，并愿意充当向导。还说伯嚭是无谋之辈，不足为虑；伍子胥虽智勇双全，但他之所以帮助阖闾，目的是想借兵伐楚，以报父兄之仇。眼下，阖闾安于王位，从不提为伍子胥报仇的事，所以伍子胥与阖闾已有隔阂，只要庆忌报仇后肯为伍子胥报仇，伍子胥愿为内应，如此等等。一番话说得庆忌深信不疑，便立即派要离训练士卒，修治兵船。三个月后，要离怂恿庆忌出兵，水陆并进，杀往吴国。庆忌与要离同乘一条船，驶到中流，要离趁庆忌到船头观看船队，一戟刺在庆忌的心窝上。到这时，庆忌才明白，自己是中了要离的苦肉计，抱恨而死。要离杀死庆忌后，自己也饮剑自尽了。

五、第三十五计：连环计

（1）计策原文解读

原文："将多兵众，不可以敌，使其自累，以杀其势。在师中吉，承天宠也。"

原文大意：如果敌军强大，就不要去硬拼，应当运用计谋使其自相牵制，从而削弱其战斗力。将帅巧妙指挥，用兵如神，俨然得到上天的眷爱，哪有不胜之理。

师卦

（2）对应经卦及智慧

此计对应《易经》第七卦地水师卦（010000）。《周易·师卦》九二爻的《象》曰："在师中吉，承天宠也。"自己的军队中有一位有勇、有威、有谋的将军，有如天助，"承天宠也"。他既能冲锋在前，又能接二连三地出谋划策，这样的人不可多得。

本计的要点：

第一，避敌锋芒。敌军兵强势大，不能与其硬拼。头脑一定要清醒，不能由着性子来。该防守就防守，该撤退就撤退。不去主动挑起事端，更不能主动去激怒敌人，要使敌人的硬拳只打在棉花上，产生不了多大效果。

第二，削弱其势。既然敌军强大，不能硬拼，那么打败敌人的唯一办法就是智取。连环计就是智取战术的良策，此计就是使敌军的强势变为弱势，优势变为劣势，使其自相牵制，背上包袱，并且难以卸掉，行动变得不自由，从而体现出此计的关键点——"使其自累"。

第三，指挥得当。本计要实施成功，要有一位智勇双全的指挥官。如师卦《象》曰："在师中吉，承天宠也"。主帅在军中指挥得当，军队就能如同有天神相助一样吉祥，无往不胜。

（3）计策内涵

连环计，指将数个谋略好像环与环一样一个接一个地相连起来施行。

（4）计策故事

赤壁大战中，周瑜利用反间计，让曹操杀了熟悉水战的蔡瑁、张允。之后，由于北方士兵不善水战，无法适应战船的颠簸，为了让船平稳，曹操听取了庞统的意见，用粗大的铁索把船全连在一起。这样，不管多大风浪，船也纹丝不动了，每艘船上的士兵打起仗来还可以相互照应。

这时候，周瑜的部将黄盖想出了一个好主意——用火来攻打连在一起的大船。周瑜设计让黄盖诈降曹操。两人还使出"苦肉计"，让曹操放了心，他对于黄盖因仇恨周瑜才来投降，一点也没有怀疑。

黄盖让士兵在大船上装满了枯草，还浇上油，上面盖了布，并插满了彩旗，还将几只小船拴在大船的尾部。黄盖在刮东风的夜里，率这支船队假意来投降。

曹操听说东吴大将黄盖来投降，就和自己的亲兵到船头观看。可没有料到，在离自己只有二里地时，这些来投降的大船同时起火，火借风势越烧越猛，东吴的战船就像一条条火龙冲进曹操水寨。而曹操的战船又连在一起，很快全烧了起来。大火波及岸上的营寨，许多士兵来不及逃跑，被火烧死了，还有一些不会游泳的士兵掉到江里淹死了。周瑜乘势带兵渡江向曹操发动进攻，曹操的士兵吓得全跑光了。

六、第三十六计：走为上计

（1）计策原文解读

原文："全师避敌。左次无咎，未失常也。"

原文大意：为了保全军事实力，就要避开强敌。视环境退居左次位，能免遭祸殃，这也是一种常见的选择。

（2）对应经卦及智慧

此计对应《易经》第七卦地水师卦（010000）。《周易·师卦》六四爻的《象》曰："左次无咎，未失常也。"战斗中眼见我方将全军覆没时，抵

师卦

抗已毫无意义，如要避免被全歼的命运，就只能赶快跑，保全有生力量，以图东山再起。而这种做法虽不太光彩，却不离谱，"未失常也"。

本计的要点：

第一，走是为了保存实力。在敌我力量悬殊的不利形势下，采取有计划的主动撤退，避开强敌，寻找战机，以退为进，不失为一个上策。面对强大的敌人，如果硬拼，结果就是粉身碎骨，全军覆灭，连翻身的机会都没有了。只有主动撤走，把基本骨干保存下来，才能再次形成对抗敌人的力量，才能有机会东山再起。

第二，不走就是彻底失败。在敌强我弱的情况下，我方有几种选择：一是求和，二是投降，三是死拼，四是撤退。前三种选择完全没出路，是彻底的失败。只有第四种选择，撤退才可以保存实力，以图卷土重来。

第三，所谓上计，不是简单地说"走"为上上策，也不是说"走"在三十六计中是上计，而是在特定条件下一种最好的选择。

（3）计策内涵

走为上计，指遇到强敌或陷入困境时，离开回避是最好的策略。

（4）计策故事

檀道济是南北朝时宋武帝的开国武将，曾领兵北伐后秦，颇有功勋。宋文帝即位后，檀道济被进封为"武陵郡公"，拜征南大将军，都督征讨诸军事。他在统帅大军，征讨北魏的那一次战事中，打了三十多仗，连连获胜，曾进攻到历城（今山东）一带，只因后方军粮接济不上，才不得不退兵。当时，檀道济军至历城，军粮不足，准备撤退。魏军中有从宋军归降的士兵，把缺粮的事告诉了魏军，并建议趁机追击。魏军就先派密探到宋军营中侦察。檀道济料到敌人这一着，便在晚上故意叫管军粮的人点数军粮，用大批沙子充作米，用斗来量，一边量，一边唱：一斗，两斗，……几石，几十石，……一袋又一袋的沙子高高地堆着，而把少量的米散露在上面。魏军的密探把看见的情况回去作了报告，魏军以为宋军军粮有余，便不敢追击，还把投降过去的人处死，说他们是假降谎报的间谍。檀道济于是率领宋军，安全撤回。

后记

《每周学一个易经故事》《我们身边的易经思维》两本书出版后，我仍有些意犹未尽。在学习、研究《易经》的过程中，我深深地感到，一部《易经》就是一部"数经"。可以说，无数不成易，有易必有数。易与数的这种紧密关系，激发了我去归纳分析的热情，便有了将学习、研究易与数的心得体会整理出来的冲动。

我最早的想法是全方位地来阐述易与数的关系，在准备过程中才越来越发现这是一个浩大的工程，用一本书来涵盖，几乎是无法完成的。只能把与我们日常生活关联最密切的易和数归纳成几个方面，尽可能从多个角度展现易与数的关系，揭示易与数的奥秘。

本书的写作，参考或摘录了南怀瑾先生、曾仕强先生、张其成先生、刘保贞先生、杜新会先生及李明宇先生等的相关著作，还参考了网络上有关文章。

在本书付梓之际，感谢易学专家朋友的指导，感谢老同事、老朋友的支持和鼓励，感谢唐小军先生为本书签题书名，特别要感谢奕博老师的精心指导和具体帮助。